Serviço memorável em alimentos e bebidas

UM GUIA PARA
MAÎTRES E SUPERVISORES DE BARES E RESTAURANTES

Dados Internacionais de Catalogação na Publicação (CIP)
(Jeane Passos de Souza – CRB 8ª/6189)

Kucher, Debora
Serviço memorável em alimentos e bebidas: um guia para maîtres e supervisores de bares e restaurantes / Debora Kucher e Juliana Reis. – São Paulo : Editora Senac São Paulo, 2019.

Bibliografia.
ISBN 978-85-396-2613-7 (impresso/2019)
e-ISBN 978-85-396-2614-4 (ePub/2019)
e-ISBN 978-85-396-2615-1 (PDF/2019)

1. Alimentos e bebidas : Hotelaria 2. Restaurante (Serviços) 3. Serviços de Alimentos e bebidas : Gastronomia 4. Serviços de Alimentos e bebidas : Gestão da prestação de serviços 5. Serviços em Alimentos e bebidas : Perfil profissional I. Título.

18-875s
CDD – 647.95
BISAC TRV013000
TRV022000

Índice para catálogo sistemático:
1. Alimentos e bebidas 647.954

Serviço memorável em alimentos e bebidas

UM GUIA PARA
MAÎTRES E SUPERVISORES DE BARES E RESTAURANTES

DEBORA KUCHER | JULIANA REIS

Editora Senac São Paulo – São Paulo – 2019

ADMINISTRAÇÃO REGIONAL DO SENAC NO ESTADO DE SÃO PAULO
Presidente do Conselho Regional: Abram Szajman
Diretor do Departamento Regional: Luiz Francisco de A. Salgado
Superintendente Universitário e de Desenvolvimento: Luiz Carlos Dourado

EDITORA SENAC SÃO PAULO
Conselho Editorial: Luiz Francisco de A. Salgado
Luiz Carlos Dourado
Darcio Sayad Maia
Lucila Mara Sbrana Sciotti
Jeane Passos de Souza

Gerente/Publisher: Jeane Passos de Souza (jpassos@sp.senac.br)
Coordenação Editorial/Prospecção: Luís Américo Tousi Botelho (luis.tbotelho@sp.senac.br)
Márcia Cavalheiro Rodrigues de Almeida (mcavalhe@sp.senac.br)
Administrativo: João Almeida Santos (joao.santos@sp.senac.br)
Comercial: Marcos Telmo da Costa (mtcosta@sp.senac.br)

Edição e Preparação de Texto: Heloisa Hernandez
Ilustrações: Fernanda Kikuchi
Coordenação de Revisão de Texto: Luiza Elena Luchini
Revisão de Texto: Silvana Gouvea, Carolina Hidalgo Castelani
Projeto Gráfico e Editoração Eletrônica: Veridiana Freitas
Capa: Veridiana Freitas sobre ilustração da Istock
Impressão e Acabamento: Gráfica CS Eireli

Proibida a reprodução sem autorização expressa.
Todos os direitos desta edição reservados à
EDITORA SENAC SÃO PAULO
Rua 24 de Maio, 208 – 3º andar – Centro – CEP 01041-000
Caixa Postal 1120 – CEP 01032-970 – São Paulo – SP
Tel. (11) 2187-4450 – Fax (11) 2187-4486
E-mail: editora@sp.senac.br
Homepage: http://www.editorasenacsp.com.br

© Editora Senac São Paulo, 2019

Sumário

7   **NOTA DO EDITOR**
9   **PREFÁCIO**
13   **INTRODUÇÃO**

CAPÍTULO 1

21   **PROFISSIONAIS DE ALIMENTOS E BEBIDAS (A&B)**
23   Supervisor: muitas possibilidades para o mesmo cargo
28   Profissões regulamentadas e ocupações reconhecidas: qual a diferença?
31   Profissionais de estabelecimentos gastronômicos
49   A atuação de supervisores de serviços de A&B em eventos

CAPÍTULO 2

53   **ESPAÇOS DE SERVIÇOS DE ALIMENTOS E BEBIDAS**
57   O conceito do estabelecimento
58   Restaurantes
70   Bares
80   Cafés e casas de chá
82   Os setores de um espaço contemporâneo de alimentação

CAPÍTULO 3

93 OS SERVIÇOS DE ALIMENTOS E BEBIDAS
96 Atendimento ao cliente x serviço
105 Modalidades de serviço: técnicas tradicionais
112 Serviço de bebidas
112 Cardápios e cartas: ferramentas de vendas e comunicação
120 Etapas do serviço: recepção, vendas, comanda e conta
125 O supervisor e seu papel no serviço

CAPÍTULO 4

129 GASTRONOMIA, ALIMENTOS E BEBIDAS: CONHECIMENTO PARA A QUALIDADE NA PRESTAÇÃO DE SERVIÇOS
132 Harmonia entre setores: cozinha, bar e salão
134 Cozinha, comida, comer e servir
147 Bar, bebidas, beber e servir

CAPÍTULO 5

193 SUPERVISÃO DE PROCESSOS DE ALIMENTOS E BEBIDAS
196 Automação ou sistemas de gestão
198 Indicadores operacionais
204 Ferramentas de controle operacional
223 Coordenação de equipes
226 Clientes x funcionários
229 O supervisor na gestão de pessoas

233 **CONCLUSÃO**
235 **AGRADECIMENTOS**
237 **BIBLIOGRAFIA**
243 **ÍNDICE GERAL**

Nota do editor

Principal responsável pela gestão de alimentos e bebidas de bares, restaurantes e eventos, o maître ou supervisor de serviços é quem faz a operação acontecer, dando suporte e orientação à sua equipe e aos seus clientes. Em muitos empreendimentos, é ele, por exemplo, quem esclarece dúvidas sobre cartas de bebidas, sugere opções de acompanhamentos e está sempre pronto para atender às demandas relacionadas a alimentos e bebidas de um estabelecimento.

Nesta obra, são detalhadas as diferentes tipologias de espaços gastronômicos e modalidades de serviço, assim como características e tendências de bebidas e alimentos. A obra também aborda sistemas de gestão, indicadores e ferramentas de controle operacionais e subsídios para a coordenação de equipes.

Este lançamento do Senac São Paulo, direcionado a todos que gerenciam equipes e processos relativos a alimentos e bebidas, visa colaborar para a formação de supervisores, oferecendo extensa informação sobre o setor.

Prefácio

SERVIÇO MEMORÁVEL

Fiquei muito honrado e agradecido com a missão de escrever este prefácio: Juliana Reis, uma das autoras deste livro, tem muita experiência para compartilhar – foi sommelier, liderou equipes em vários lugares do mundo, colheu uvas e vivenciou as etapas de produção do mundo das vinícolas. Graduada e pós-graduada em hotelaria e hospitalidade, para nossa sorte está colaborando ao desenvolver profissionais e empresas por meio deste maravilhoso trabalho no Senac. Esta publicação vai coroar ainda mais sua brilhante atuação no nosso país e contribuirá muito para o grande mercado da enogastronomia e da hotelaria.

Debora Kucher, graduada em gastronomia e especialista em gestão – o que ainda falta muito nas empresas –, passou pela cozinha e literalmente cortou cebolas. Sua experiência abrange desde navios a cozinhas industriais, atuando hoje na coordenação da área de gastronomia do Senac. É coautora desta obra, uma valiosa colaboração para o Brasil.

Este livro descreve, de forma brilhante, os diferentes tipos de gastronomia, desde o ato de comer rápido até a experiência eno-gastronômica. O prazer à mesa, os relacionamentos que se desenvolvem por meio da refeição, a troca de ideias, os desabafos: compartilhar uma mesa, um vinho, é um ato muito sublime.

A gastronomia está muito na moda: alguns chefs se acham "Pelés". Mas o legal do livro é o fato de que ele ensina desde o cumim – auxiliar de garçom – até o líder máximo, que pode ser o maître ou o dono do restaurante. Os profissionais do ramo aprenderão sobre muitos temas: como hierarquias, e organogramas e descrições de cargos – em um restaurante, todos os cargos são de extrema importância e precisam estar alinhados, para o bom funcionamento do estabelecimento.

O garçom é um artista que encanta, conta histórias: como diz o termo *noblesse oblige* (que significa, ao pé da letra, "nobreza obriga"), o garçom tem uma obrigação nobre; o ato de servir é divino. Ele é também um consultor gastronômico, grande responsável pelo resultado das vendas, e atua das mais diferentes maneiras: temos desde os garçons mais tradicionais até aqueles que são modelos de passarela.

O barman, que muitas vezes exerce a função de psicólogo, hoje também é mixologista e tem ampla experiência em infusões.

O sommelier – cuja função gostei muito de exercer no passado – é um profissional muito importante nos estabelecimentos que requerem uma carta de bebidas. Ele gerencia a adega e sugere as melhores combinações de vinhos, cervejas e cachaças com os pratos do cardápio.

Por sua vez, a hostess – ou o host – também desempenha um papel muito importante nos estabelecimentos, é como um cartão de visitas.

O livro também explica como deve ser um bom maître, em inglês *captain* – gosto muito desse termo, pois um bom time tem de ter um ótimo capitão para vencer e para ter uma orquestra harmônica.

Quanto ao organograma da cozinha, o chef responsável tem a missão de identificar o perfil de cada cozinheiro. Apesar de saber disso no período de contratações, durante o trabalho o chef vai descobrindo quem tem mais sensibilidade para os doces e quem tem mais apuro para a execução de pratos quentes. Ressalto que é normal na cozinha ter uma equipe de chef e criação e outra de chef e execução, assim como também é imprescindível ter um nutricionista integrando essa equipe, para ajudar a manter o nível de excelência dentro e fora da cozinha.

Esta publicação informa também aos donos de estabelecimento ou aos futuros empresários sobre os diferentes tipos de negócios no setor de alimentos e bebidas. São muitas, talvez centenas de diferentes propostas gastronômicas: fast-food, natural food, casual food, self-service, à la carte simples, cozinhas especializadas em países, alta gastronomia, etc.

Aí vem o desafio: impostar, ou seja, oferecer o produto certo para o público certo, sem esquecer os estudos de mercado para saber qual a melhor localização e arquitetura para o estabelecimento: o ambiente tem de estar compatível com a proposta do restaurante.

Além disso, esta obra traz orientações sobre como planejar tudo de acordo com o tamanho e a capacidade do local, quantidade de funcionários e *softwares* de gestão: montagem de cardápios, fichas técnicas, previsão de compras baseadas no consumo *per capita* (CPC), ticket médio e demais processos de todas as áreas.

São muitos detalhes. Em um restaurante, a parte do salão é um palco aonde o show acontece. Para os bastidores, vale aquele velho ditado: "Onde o filho chora e a mãe não vê" – o *glamour* fica na parte da frente; atrás é muita luta, trabalho, força de vontade e responsabilidade.

Tenho certeza de que este livro ajudará muito a esclarecer todas essas questões. Parabéns às autoras e ao Senac, que contribui tanto com a formação de pessoas no nosso país.

Maravilhoso!

JUSCELINO PEREIRA

DIRETOR DA ASSOCIAÇÃO NACIONAL DE RESTAURANTES (ANR) E PROPRIETÁRIO DOS RESTAURANTES PISELLI E PISELLI SUD. CRIADOR DA HOLDING HERVILHA E DE SUAS TRÊS MARCAS: DEL PLIN, TIMO CUCINA E EL CARBÓN. TRABALHOU COMO GARÇOM, MAÎTRE, SOMMELIER E GERENTE EM DIVERSOS RESTAURANTES DA CIDADE DE SÃO PAULO, DESDE OS MAIS SIMPLES AO GRUPO FASANO, EM QUE ATUOU POR DOZE ANOS.

Introdução

Consumir alimentos e bebidas é algo que se faz não só para saciar a fome e a sede. Independentemente do horário, do local, da ocasião ou do objetivo, compartilhar alimentos e bebidas serve para manter e estimular relações sociais. Em todas as situações do cotidiano ou em momentos especiais, as bebidas e os alimentos têm papel garantido, ou até de destaque, e fazem parte da vida.

O café e o pão com manteiga nos dão bom dia logo pela manhã e o mesmo café nos ajuda a não dormir depois do almoço. Em alguns países, tomar uma taça de vinho durante a refeição faz parte da alimentação, assim como limpar o prato com o pão, demonstrando o quanto aquela refeição estava saborosa. Todos sabem em qual país se toma chá da tarde. Compartilhar o chimarrão utilizando o mesmo recipiente (cuia e bomba) é um ato normal para os que o praticam, mas que causa aversão a quem não está acostumado. Tomar espumante na noite de ano-novo e comer lentilhas é quase obrigatório, assim como fazer o brinde dos noivos e cortar o bolo. Refrigerantes são grandes veículos de transmissão de cultura e até de valores – afinal, seria coincidência a cor atual da roupa do Papai Noel ser a mesma da Coca-Cola? No Brasil, *happy hour* para muitos ainda é sinônimo de cerveja gelada e comidinhas nem sempre tão saudáveis, enquanto para outros o bacana é tomar coquetéis de Hollywood.

O conhecimento sobre alimentos e bebidas desperta o interesse e a curiosidade das pessoas por conta de seus significados. O consumo de alguns alimentos ou bebidas está associado a *status*, sofisticação ou mesmo *glamour*, porém geralmente as pessoas conhecem algum mito ou história real sobre diferentes alimentos e bebidas que os tornam instigantes. Independentemente de serem mitos ou verdades, muitas pessoas acreditam que consumir cerveja faz crescer a barriga; que comer abacaxi depois do churrasco ajuda a queimar gordura; que tomar bebidas alcoólicas corta o efeito de remédios; que determinados alimentos não podem ser misturados, como manga e leite; que vinho faz bem ao coração; que tomar café após uma bebedeira deixa a pessoa sóbria; que comer gema do ovo aumenta o colesterol; que a água de Agudos seria a melhor para fazer cerveja; que cachaça com mel e limão cura gripe. As curiosidades sobre a diversidade de vinhos, cervejas e cachaças despertam a vontade das pessoas de se reunirem em confrarias para discutir sobre essas bebidas. Grupos de amigos que se revezam para testar pratos e habilidades culinárias aumentam a cada dia. Entretanto, há também aqueles que querem demonstrar conhecimento no assunto, mesmo sem tê-lo: quando uma pessoa se faz de entendida, por exemplo, girando a taça de vinho e compartilhando voluntariamente suas impressões sobre ela de maneira pretenciosa, passa a ser um "enochato". Mas esse termo não é privilégio dos apreciadores excessivos do vinho, a cerveja também tem sua conta de *beer snobs*, "*beer* malas", "cervochatos" ou "*beer*chatos". Porém, pelo menos no Brasil, o que parece ser consenso, infelizmente, é que se alguém exagera na dose (de qualquer bebida), vai ser chamado de cachaceiro, e aquele que tem a pretensão de entender muito sobre comida, ou glamorizar esse assunto, torna-se o chato do momento.

Alimentos e bebidas despertam o interesse das pessoas de tal forma que o turismo gastronômico é crescente no mundo todo. Fazer turismo em regiões vinícolas tem até um termo próprio (enoturismo), mas agora a moda é viajar para conhecer as regiões produtoras de outras bebidas. Viajar para conhecer um produtor de queijos artesanais ou presunto espanhol nunca esteve tão em alta. Nesse cenário, é fácil entender porque a quantidade de programas de televisão ou internet e aplicativos dedicados a alimentos e bebidas é tão grande. Entretanto, não é só porque as pessoas gostam de assistir a programas de culinária que de fato saibam cozinhar ou que aplicam em casa o que "aprenderam" na televisão.

Independentemente do interesse que alimentos e bebidas despertem, é preciso se dedicar para se alimentar. Quando a refeição ocorre dentro de casa, é necessário pensar em um cardápio, ir ao mercado, colocar os produtos escolhidos no carrinho, tirar do carrinho, colocar na esteira do caixa, colocar em sacolas (de preferência recicláveis), colocar de novo no carrinho, transportá-las para a casa, retirar das sacolas, higienizar os alimentos, guardá-los na geladeira ou nos armários e esperar a hora de removê-los para prepará-los. Aí começa o drama de saber ou não saber cozinhar. Quem sabe fazer um planejamento e tem habilidades na cozinha, que bom! Após todo esse trabalho, poderá desfrutar de uma comida saborosa e saudável. Já os que não sabem, sofrerão com o dilema de comer a mesma preparação inúmeras vezes, elaborada por eles mesmos, ou comprar comidas prontas.

Atentos a essa oportunidade, a indústria alimentícia investe muito em alimentos congelados e há uma variedade enorme de produtos que satisfazem desde o consumidor que está procurando aquela lasanha congelada super-rápida até o consumidor que busca propostas mais saudáveis. Há empresas que vendem inclusive a refeição completa pré-preparada, com potinhos contendo desde a cebola picada, o alho amassado, o bife cortado e o molho porcionado, para que a pessoa possa somente seguir o passo a passo, juntar os ingredientes e *voilà!*, o jantar está pronto – mas talvez esse tipo de serviço não seja o mais ambientalmente correto.

Outra forma de consumir alimentos em casa, mas sem precisar prepará-los, são os alimentos adquiridos via serviços de *take out* (alimentos preparados e vendidos por restaurantes ou lojas, para serem consumidos em outro local) ou de *delivery* (serviço de entrega). Mas o consumo de alimentos fora do lar é uma realidade atual, independentemente do momento econômico. E, da mesma forma como as pessoas se dedicam para comer dentro de casa, a situação é igualmente exigente para as que se aventuram a desfrutar uma refeição fora do lar.

Primeiro, estabelece-se um critério particular para definir o local, como preço, proximidade, tempo de espera/permanência, tipo de comida, ambiente, ocasião... Depois, é preciso encontrar um estabelecimento com as características desejadas e, se a pessoa não conhece ou quer conhecer algo novo, pode pesquisar em plataformas de busca na internet, revistas, guias ou aplicativos especializados que trazem uma relação completa de todo tipo de estabelecimento para auxiliá-la a encontrar o local perfeito. Não há necessariamente um consenso ou definição científica para essas categorias, gêneros, classificações de bares e restaurantes indicados e disponibilizados por meio de mídia, guias, revistas, aplicativos e afins. As categorias são as mais diversas possíveis, contando inclusive com algumas propostas bem exóticas ou mesmo indefinidas, que geram mais confusão do que ajudam.

Finalmente, uma vez que o local foi definido e que a pessoa vai para o bar ou restaurante, frequentemente se depara com uma série de nomenclaturas no cardápio que podem lhe parecer criptografadas, demandando esclarecimentos. Nomes de preparos e alimentos em outros idiomas que requerem tradução, cartas de bebidas muitas vezes bastante complexas e com uma infinidade de possibilidades para acompanhar a refeição, sem contar com as tantas regras de etiqueta e de comportamento exigidas para cada tipo de estabelecimento.

Imagine então, depois de tudo isso, que a pessoa chega a um bar ou restaurante e é mal atendida! Ou então que o garçom não sabe falar sobre o método de preparo do molho ou não consegue sugerir uma alternativa para alguma intolerância alimentar do cliente. Imagine a frustração do cliente que viaja em busca de uma novidade gastronômica ou para provar uma bebida especial e o profissional o recebe com descaso ou não sabe a origem dos ingredientes ou a temperatura ideal para servi-los.

É por isso que conhecimento e hospitalidade são fundamentais para profissionais de serviço de alimentos e bebidas! Mas, o que é, afinal, essa hospitalidade de que tanto se fala quando o assunto é serviços de alimentos e bebidas? É comum ouvir que profissionais que trabalham com o público devem ser hospitaleiros, que é importante receber e tratar os clientes com cordialidade. Mas será que é claro o significado da palavra? Será que é notória a ligação entre a hospitalidade e o ato de comer e beber?

Para ajudar na compreensão do significado de hospitalidade, citamos estudiosos do tema e propomos a seguinte reflexão:

Camargo (2004, p. 19), afirma que hospitalidade representa "o ato humano, exercido em contexto doméstico, público ou profissional, de recepcionar, hospedar, alimentar e entreter pessoas temporariamente deslocadas de seu *habitat*".

Lashley (2004, p. 15) defende que "a oferta de alimentos, bebidas e acomodação representa um ato de amizade, cria laços simbólicos e vínculos entre as pessoas envolvidas na partilha da hospitalidade".

Létoublon (2011, p. 353), ao discorrer sobre os deuses à mesa dos homens na Grécia arcaica, destaca que "o partilhar da refeição e das bebidas e a participação de todos os presentes trocados por ocasião da hospitalidade contribuem fortemente para reforçar a ligação" entre os convivas.

Boutaud (2011, p. 1213) aponta que "comer juntos assume, então, um significado ritual e simbólico muito superior à simples satisfação de uma necessidade alimentar. Essa forma de partilha, de troca e de reconhecimento é chamada de comensalidade".

Para finalizar essa reflexão, vale citar o pensamento de Carneiro (2003), ressaltando que comer é a origem da socialização, pois, nas formas coletivas de se obter comida, a espécie humana desenvolveu diversos utensílios culturais, podendo até mesmo ter desenvolvido a linguagem.

Os estudos sobre hospitalidade e comensalidade são profundos, mas basicamente quando falamos que é importante para o profissional de alimentos e bebidas tratar o cliente com hospitalidade, estamos nos referindo a acolher, prestar atenção às suas necessidades e anseios e ser prestativo e genuíno na relação, pois para realizar um serviço o contato humano é imprescindível, afinal, as pessoas e suas atitudes são tão importantes quanto o que se serve.

A partir dessa reflexão sobre a hospitalidade e o ato de comer e beber, inicia-se o livro com um capítulo sobre os profissionais que atuam com serviços de alimentos e bebidas. Aqui cabe mencionar o dilema que é delimitar o campo de atuação dos profissionais que exercem a função do supervisor. Assim, o capítulo 1 começa com uma reflexão sobre as diversas possibilidades de atuação ou funções que desempenha o supervisor de serviços de alimentos e bebidas, dependendo da configuração do estabelecimento onde trabalha.

No capítulo 2 foram abordados os espaços onde acontecem os serviços de alimentos e bebidas, com foco naqueles que poderiam contar com a presença de um supervisor, considerando que vivemos um cenário de mudanças e que as tipologias de empreendimentos gastronômicos não são "quadradas" ou estagnadas. Dependendo da interpretação, um espaço pode ser enquadrado em diferentes tipologias. Além disso, novas tipologias surgem constantemente em função do momento econômico e das tecnologias disponíveis.

O capítulo seguinte aborda serviços de alimentos e bebidas e busca traçar uma visão das práticas mais comuns no Brasil na atualidade, com foco no papel do supervisor. E, no capítulo 4, não poderiam ficar de fora conhecimentos sobre os alimentos e as bebidas propriamente ditos, pois, como mencionado anteriormente, o cliente de hoje tem muito acesso à informação, por isso que para se prestar um serviço de qualidade é fundamental saber o que se serve. Assim, nesse capítulo, são apresentados os principais conhecimentos necessários para que um supervisor de serviços possa, em tempos de muita informação disponível para todos, oferecer o suporte e a orientação aos comensais e à sua equipe.

Na conclusão do livro destacam-se questões sobre a supervisão dos processos de alimentos e bebidas, buscando apresentar os desafios que enfrenta esse profissional, que deve ter uma vasta gama de conhecimentos e flexibilidade para atuar em diferentes contextos.

CAPÍTULO 1

Profissionais de alimentos e bebidas (A&B)

Supervisor: muitas possibilidades para o mesmo cargo

A figura do supervisor é referência na integração das áreas e dos fazeres do setor de alimentos e bebidas, pois, além de coordenar equipes, sua gama de conhecimento é vasta para poder orientar e conduzir o serviço de forma elegante e eficiente, uma vez que conecta todas as "partes" de um estabelecimento gastronômico (comida + bebida + atendimento). Se necessário, pode desempenhar emergencialmente a função dos membros da sua equipe, pois tem conhecimento para tal, garantindo que o serviço prestado esteja em sinergia com o conceito do estabelecimento.

Não há, no entanto, um consenso a respeito da nomenclatura dada a esse profissional, porém, pelas características dessa função, optou-se nesta obra por se referir a esse profissional como supervisor, dadas as possibilidades de atuação que se apresentam, mas, dependendo do organograma de cada estabelecimento, ele pode carregar um nome: supervisor, coordenador, líder, ou, de acordo com a característica operacional, essa função poderá ser exercida pelo maître ou capitan.

Assim, pode-se dizer que, de um estabelecimento para o outro, mudam as responsabilidades e as funções do cargo, dependendo da proposta e do tamanho do estabelecimento. Nos dias de hoje, falar em formatos rígidos ou absolutos não faz sentido, tendo em vista que vivenciamos uma era de mudanças. Dessa forma, a função do supervisor também muda, dependendo da estrutura do estabelecimento.

A brigada ou equipe de um estabelecimento depende da sua tipologia. Um rodízio de churrascaria, por exemplo, terá uma equipe de salão e de bar bem diferente da equipe de uma padaria, de um bar ou mesmo de um restaurante com serviço empratado. Em uma estrutura tradicional e hierárquica, é possível encontrar diferentes cargos, e as funções são bem divididas entre os funcionários. Antigamente, em bares tradicionais, era possível encontrar todos os cargos de uma hierarquia funcional, como gerente de bar, chefe de bar, 1º bartender, 2º bartender e assistente de bar. Hoje, dificilmente encontramos bares e restaurantes com essa amplitude de cargos, o que influi diretamente nas responsabilidades assumidas pelo profissional de supervisão.

Ainda sobre esse exemplo, compete ao supervisor conhecer a fundo a rotina de trabalho da equipe de bar e de cozinha, mesmo que não tenha domínio completo, já que são as figuras dos especialistas que lhe darão suporte. Por exemplo, em estabelecimentos que optem por ter um sommelier (profissional especialista no serviço de bebidas) e alguns assistentes dedicados ao serviço de bebidas, é o sommelier responsável pela sugestão, pela venda e pelo serviço de bebidas no salão, enquanto compete aos garçons manter as taças cheias. Neste caso, o sommelier responde ao maître, ou pode até mesmo ter o mesmo nível hierárquico que ele, prestando contas diretamente ao gerente do restaurante.

No entanto, nem todos os estabelecimentos comportam ou necessitam de sommeliers, e a ausência desse especialista na estrutura fixa do restaurante faz que a sugestão e a venda de vinhos (ou outras bebidas) sejam de responsabilidade da equipe de garçons e também do maître ou supervisor.

Já em um grande hotel ou mesmo em algum estabelecimento que tenha vários restaurantes e bares próprios, a hierarquia do departamento de alimentos e bebidas é complexa, pois a existência de diferentes pontos de venda de alimentos e bebidas no mesmo conjunto exige uma estruturação elaborada.

Esse tipo de organização é comum em grandes resorts ou hotéis. No Brasil, os resorts de lazer em destinos turísticos e os grandes hotéis de negócios nas metrópoles costumam ter no mesmo empreendimento uma diversidade de bares, restaurantes e banquetes, cada um com uma equipe específica, conceito e metas próprias. Os supervisores, que podem ser chamados de maîtres ou captains, têm papel fundamental na orquestra dos serviços entre os departamentos. Nesses empreendimentos, muito provavelmente a atuação do supervisor está restrita a prestar contas ao gerente do departamento e a realizar a gestão de salão, além de fazer a interlocução com os demais envolvidos.

Mesmo assim, o salão continua sendo a intersecção entre todos os departamentos, daí a importância do comprometimento desse profissional, que deve ter bom senso e, principalmente, uma atitude de liderança frente à sua equipe. É perfeitamente compreensível que nem sempre esse profissional será reconhecido por tal feito, porém não é por aplausos que o serviço acontece, e sim pelo propósito do servir: trabalhar para cuidar do outro, trabalhar por alguém.

Nesse sentido, o local onde isso acontece, se mais suntuoso ou bastante simples, não condena o serviço. A polidez, a cordialidade e a hospitalidade resultam em clientes satisfeitos, e mais: na prosperidade do negócio. Pode-se ainda ter o entendimento de que a brigada de salão é, para o estabelecimento, o que as pernas são para o corpo, ou seja, responsáveis pela estabilidade e, principalmente, pela mobilidade, pela condução. É então que essa equipe, comandada pelo supervisor, fará a condução da casa, que cuidará de seus clientes e, principalmente, de como serão tratados.

Nessa perspectiva, o supervisor de A&B assume a função de liderança de salão e tem papel fundamental no processo. Além de coordenar o atendimento, é ele também quem fará o papel de intermediador com os outros departamentos, cuidando de forma efetiva das necessidades, tanto da equipe de salão quanto dos clientes. Para tanto, é requerido desse profissional um olhar direcionado e mais estratégico para a gestão operacional do serviço, a qual pode ser realizada considerando todas as variáveis e condições inesperadas pelas quais a rotina de um estabelecimento de alimentos e bebidas passa todos os dias.

Esse "inesperado" se dá por conta obviamente da diversidade de público, que tem diferentes exigências e necessidades, além de perfis que impactam diretamente na atuação tanto do supervisor quanto de sua equipe. Justifica-se então, mais uma vez, a afirmação da necessidade de esse profissional ser flexível, cordato e, principalmente, estratégico.

Para reinventar o serviço e coordenar equipes, tentando estabelecer uma visão mais crítica a respeito de um setor tão antigo – que, por muitas vezes, ainda é achacado por seu caráter distinto de profissões não normatizadas, onde não há rotina –, o supervisor dos dias de hoje, ao olhar sua operação, precisa ter mais enredo. Seu alcance não pode ser apenas da rotina que o consome. Todas as ações do serviço, operacionais ou diretivas, precisam ser estrategicamente formuladas, tencionando tornar o estabelecimento uma referência para o mercado e também para seus colaboradores.

Evidentemente, a busca por tal posicionamento não depende apenas do supervisor e de sua equipe, mas pode-se ratificar o seu mérito a partir do contato direto com os clientes e demais envolvidos.

Considerando os avanços tecnológicos e as mudanças no perfil de consumo das pessoas, além de novos tipos de negócios, é perfeitamente compreensível que o achatamento dos organogramas dos bares e restaurantes e a multifuncionalidade dos profissionais sejam uma realidade facilmente encontrada. Porém, é nesse mesmo cenário que se destacam, por exemplo, as ocupações de especialistas, como sommeliers, chefs de cozinha e também supervisores que desempenhem seu papel de forma diferenciada.

Ora, não seria isso então uma contradição? Afinal, o que é mais importante ou o que é tendência: profissionais multifuncionais ou especialistas? Primeiramente, é importante reconhecer que tendências muitas vezes são mesmo contraditórias. Não é porque algo é tendência que é unânime. Há espaço para tudo e para todos. Sempre haverá nichos altamente especializados convivendo com a multifuncionalidade.

Assim, é possível compreender como o perfil dos profissionais que trabalham no segmento de alimentos e bebidas também sofre mudanças. Atualmente, a multifuncionalidade está em alta, tornando a existência de alguns cargos desnecessários, obsoletos ou caros demais para a operação dos estabelecimentos, como infelizmente é o caso da função de maître e do chefe de bar. A tecnologia, por sua vez, contribui para a eficiência na prestação de serviços e para a própria multifuncionalidade, sendo esse mais um parêntese de atenção às tarefas de um supervisor.

Considerando então esse cenário, muitas vezes um profissional realiza a função de dois ou três, especialmente quando se tratam de profissões não regulamentadas, pois não há um amparo legal que restrinja o que determinados profissionais podem ou não fazer. Por exemplo, como a profissão de nutricionista é regulamentada, na lei está descrito o que esse profissional pode exercer, com isso se tem uma grande segurança e clareza em relação às suas atribuições. Além desta profissão regulamentada, atualmente, no segmento da alimentação temos a de sommelier. Já todas as outras, não, incluindo a de supervisor.

Profissões regulamentadas e ocupações reconhecidas: qual a diferença?

Hoje no Brasil existem apenas 68 profissões regulamentadas, das quais duas se referem a profissões da área de alimentação (Brasil, 2012b). Há também profissionais que atuam no âmbito da fabricação de alimentos e bebidas para a indústria, mas eles não são o foco deste livro.

De acordo com a última atualização do Ministério do Trabalho e do Emprego, em 2017, existiam 2.638 ocupações reconhecidas no país (Brasil, 2017). Entender essas questões é importante, assim como ter clareza sobre as diferenças entre profissão, ocupação, função, cargo e carreira.

Em termos práticos, profissão é aquilo a que uma pessoa se qualificou, estudou para exercer. Já a ocupação tem a ver com o que a pessoa faz de fato. Não necessariamente as duas coisas são iguais, mas podem ser. Uma pessoa pode ter se formado em medicina, mas exercer a ocupação de confeiteiro. Porém, se essa pessoa estudou e se qualificou para atuar como confeiteiro, essa é a sua profissão e ocupação. Já cargo está mais relacionado à atribuição da pessoa dentro de uma empresa, como um confeiteiro-líder, por exemplo. E a carreira de um profissional refere-se ao conjunto de atividades seguidas na mesma profissão – por exemplo, esse mesmo profissional, depois de confeiteiro-líder, foi promovido a chefe de confeitaria.

O Ministério do Trabalho e Emprego (MTE) é o órgão oficial do governo que cuida das relações de trabalho no Brasil, regulamentando e reconhecendo profissões, exercendo fiscalização e legislação, entre outras atribuições. Esse ministério reconhece as profissões, mas não as cria, nem interfere.

É comum e natural o surgimento de novas profissões ou ocupações e, uma vez que passa a ser comum no mercado, o Ministério do Trabalho pode reconhecê-la. Já a Classificação Brasileira de Ocupações (CBO) é um documento que reconhece a existência de determinada ocupação, e não a sua regulamentação. Cada profissão ou ocupação tem um código que pode ser usado no momento da contratação de um trabalhador, ou até mesmo na declaração de imposto de renda, entre outras possibilidades.

O objetivo de se regulamentar uma profissão é o de assegurar aos que a exercem alguns direitos, como piso salarial e abertura de novas vagas de emprego. Para ser regulamentada, é necessário que a proposta seja aprovada no Congresso e, posteriormente, pelo Presidente da República. A partir disso, passa a existir uma lei específica a respeito do exercício de determinada profissão, válida em todo o território nacional. Quando uma profissão é regulamentada, a legislação determina quais obrigações o profissional deve exercer, e também os direitos e deveres que possui em determinado exercício.

Vale ressaltar que, ainda que uma profissão não seja regulamentada, isso não significa que não seja necessária a qualificação para seu exercício. Além disso, cabe também lembrar que a Consolidação das Leis do Trabalho (CLT) é uma lei que abrange todas as profissões, regulamentadas ou não. Muitos profissionais, por exemplo, optam por trabalhar por conta própria, pois entendem que podem ganhar mais como autônomos do que se tivessem a carteira assinada.

Nem toda a ocupação que consta na CBO é regulamentada. Há anos a ocupação ou profissão de sommelier, por exemplo, constou na relação da CBO, mas somente em 2011, após sanção presidencial, foi regulamentada como profissão.

Com isso, o profissional que, segundo a lei, executa o serviço especializado de vinhos e de outras bebidas, passa a ter alguns direitos assegurados. A regulamentação também restringe o exercício dessa profissão a quem for habilitado por instituições nacionais ou estrangeiras reconhecidas pelo Ministério da Educação (MEC), ou que já esteja exercendo a profissão há mais de três anos.

Outro exemplo é o da profissão de garçom. Até a data de publicação deste livro, a profissão ainda não era regulamentada. Está em análise desde 2013, com uma proposta aprovada, mas ainda sem a sansão final. Existem mais de trinta projetos em discussão no governo para a regulamentação de outras profissões na área de alimentação, como as de cozinheiro, garçom e bartender.

O Ministério do Trabalho e Emprego atualiza periodicamente a relação das profissões reconhecidas na CBO mediante estudo de atividades e perfil da categoria. São consideradas informações diversas, como a Relação Anual de Informações Sociais (Rais) e as demandas do Sistema Nacional de Empregos (Sine), das associações, dos sindicatos e também de profissionais autônomos.

Todas as ocupações registradas na CBO podem ser encontradas no site:
http://www.mtecbo.gov.br/cbosite/pages/home.jsf

Profissionais de estabelecimentos gastronômicos

Descrever a função e as responsabilidades dos profissionais que atuam com serviços de alimentos e bebidas no século XXI é um desafio, pois o cenário do início dos anos 2000 é muito diferente do cenário atual.

As mudanças são naturais e refletem o modo de vida de acordo com a tecnologia, infraestrutura, economia, política e inúmeros outros fatores de cada tempo, inclusive – e, talvez, principalmente – conforme a própria disponibilidade de produtos e recursos. O desaparecimento ou o surgimento de ocupações na área da alimentação acontece em cenários mutantes, em que se passa a ter alguma necessidade específica.

Além de dominar as técnicas pertinentes ao ofício específico e buscar aperfeiçoamento contínuo, os profissionais de serviços de alimentação devem estar dispostos a trabalhar com flexibilidade para se adaptar a diversos ambientes. É fundamental que estejam cientes e preparados para suportar grandes jornadas de trabalho, com pontualidade, profissionalismo e ética, sempre atentos às normas de higiene e segurança.

HIGIENE E SAÚDE DOS COLABORADORES

A autora Luana de Assis (2014, p. 154) traz em seu livro *Alimentos seguros: ferramentas para gestão e controle da produção e distribuição* todas as diretrizes que são previstas pela regulamentação sanitária no que diz respeito à higiene e saúde dos colaboradores.

Os principais aspectos de higiene dos colaboradores que são fundamentais para as boas práticas de manipulação de alimentos podem ser resumidos em:

a. Banho diário.

b. Higiene dental.

c. Manter unhas curtas, limpas e sem esmalte.

d. Não usar desodorantes perfumados ou colônias.

e. Cabelos protegidos com touca ou equivalente.

f. Para os homens, barba feita diariamente.

g. Higiene das mãos e antebraços.

h. Manter os pés secos para evitar micoses.

i. Não utilizar acessórios, como brincos, colares, anéis e relógios.

j. Para mulheres, maquiagem ausente ou muito leve.

k. Não carregar no uniforme objetos como canetas, celulares, batons, cigarros, etc.

l. Uniformes adequados e limpos, trocados todos os dias e usados exclusivamente no local de trabalho.

m. Sapatos fechados, impermeáveis e com solado antiderrapante – quando necessário, usar botas de PVC.

n. Utilização de luvas descartáveis, de malha de aço, térmicas ou de borracha, de acordo com a função exercida.

Algumas dessas regras se aplicam mais claramente aos funcionários da cozinha, outras valem tanto para salão como para bar. O importante é que as regras impostas pela Anvisa sejam criteriosamente seguidas, pois, além de contribuírem para a segurança, colaboram na construção da imagem do estabelecimento diante dos clientes.

A seguir, descreveremos as principais funções dos profissionais que atuam em estabelecimentos gastronômicos, a fim de podermos definir melhor qual é o papel do supervisor especificamente em relação às diversas ocupações ou também às funções existentes por departamento, com foco na atualidade.

PROFISSIONAIS DE SALÃO

Salão ou sala de serviços, independentemente do nome, é onde se realiza o ato de atender à demanda de bebidas e alimentos dos clientes e onde se exerce a arte de servir. É de suma importância relembrar aos profissionais de serviço, principalmente aos que se dedicam à supervisão, o quão nobre é servir e que é o preciso ter maturidade para entender o quão especial é o indivíduo que serve o outro. O salão reúne profissionais que têm grande contato com o cliente, como se pode notar na descrição das funções a seguir:

Gerente de operações de alimentos e bebidas/gerente de restaurante

Responsável pelos resultados financeiros do departamento, pelas questões legais que são inerentes ao negócio e pela gestão administrativa de equipe, compras e estrutura. Desenvolve fornecedores e negocia preços de insumos para os departamentos. Elabora ou participa das estratégias de gestão do restaurante. Estabelece estratégias para o desenvolvimento da equipe. Dependendo da estrutura, pode responder a um diretor de alimentos e bebidas ou diretamente ao proprietário.

Supervisor/coordenador/líder/maître/capitan

Como já descrito anteriormente, independentemente do nome que assuma diante da operação, costuma ser o responsável por planejar, orquestrar e supervisionar os serviços de alimentos e bebidas em diferentes tipos de estabelecimentos ou eventos. Orienta e treina equipes de trabalho, e realiza controles administrativos operacionais, gerenciamento das rotinas de compras de insumos, vendas de produtos e serviços aos clientes, bem como cuidados com infraestrutura e manutenção do estabelecimento. É responsável pela escala de trabalho dos funcionários e pela gestão das "gorjetas" ou "caixinha". Cuidar das necessidades especiais dos clientes e de reclamações é parte importante de seu trabalho.

Chefe de fila

Comum em restaurantes de grande escala, é o segundo encarregado de coordenar a equipe. Ele é o braço direito do maître/supervisor e quem o substituirá em sua ausência. Apesar de ser uma função mais estratégica na operação do salão, sua atuação é restrita ao salão e, na presença do maître, ele assume uma praça ou auxilia os garçons de forma geral.

Garçom/server

É o profissional que tem maior contato com o público. Suas funções passam pela venda em primeiro lugar, pois é essa a ação que mais lhe é cobrada. Porém, não basta apenas vender, ele precisa reconhecer o cliente, entendendo suas expectativas e perfil para fazer a melhor proposição de alimentos e bebidas a ele, a partir do conhecimento do cardápio que possui. Precisa ter domínio das técnicas de serviço e executá-las priorizando sempre o conforto do comensal.

Também ficará a cargo do garçom as tarefas de montagem e organização do mise en place (organização do ambiente de trabalho), juntamente do cumim. Outro domínio que lhe é exigido é o ato de emitir as comandas para cozinha e bar de acordo com o pedido do cliente e das orientações da casa, e também o fechamento de conta que, em alguns casos, resulta na cobrança do cliente. Responde diretamente ao maître, mas se relaciona com os demais setores.

Cumim/commis/auxiliar de garçom

Exerce um trabalho direto com o garçom no atendimento às necessidades dos clientes. Além de realizar o mise en place do salão antes da abertura do restaurante, muitas vezes fica encarregado de levar os pratos à mesa, montá-la e repor os itens necessários durante o serviço. A principal diferença entre um garçom e um cumim é a prática das vendas: o cumim é o profissional que está sendo preparado para tal feito, porém ainda não o exerce. Ao final do serviço, o cumim tem um papel importante no fechamento operacional do restaurante, deixando o mesmo organizado para o próximo turno.

Sommeliers

São profissionais especialistas em bebidas e compete a eles realizar análises sensoriais de diferentes tipos e estilos de bebidas, realizar o serviço das bebidas, propor harmonizações de alimentos e bebidas, além de elaborar cartas e gerir estoques. Dependendo do tipo de empreendimento em que trabalha ou dos serviços que presta, poderá ter um profissional auxiliando seu serviço (assistente de sommelier), contribuindo para a realização do mise en place ou organização do estoque, por exemplo.

Particularidades da profissão

Esta profissão existe há séculos e sua evolução na história merece atenção especial, pois contribui para a compreensão de como os profissionais se apresentam hoje. A palavra sommelier teve origem na Idade Média, no período do Renascimento, referindo-se às pessoas encarregadas do serviço de vinho (Vaccarini, 2005). Conforme a produção e a cultura do vinho se desenvolveram, também surgiu a necessidade de realização do serviço da bebida, assim como dos cuidados com seu armazenamento e da degustação do vinho, para evitar o envenenamento dos nobres (Santos, 2004).

Em consonância com a mudança dos hábitos dos consumidores em função de fatores como novas tecnologias, avanços nos processos industriais, aumento de concorrência, globalização e economia, entre muitos outros aspectos, surge mais fortemente na atualidade uma amplitude de produtos diferenciados. Nesse cenário, temos os profissionais sommeliers, especializados em diferentes bebidas e até em alimentos.

No Brasil, os primeiros cursos de sommelier datam de meados da década de 1980. Em 2004, surge o primeiro curso de sommelier de cervejas na Alemanha, chegando ao Brasil em 2010. Logo depois intensificam-se os cursos de sommelier com foco em outras bebidas, como a cachaça e o chá. Sommelier de azeites é uma formação mais comum na Itália e em outros países produtores da iguaria, e há sommelier de águas, que já existe há algum tempo. Hoje fala-se em sommelier de cafés e até de chocolate.

Nesse cenário, faz sentido a pergunta: existe sommelier de whisky, de vodca ou de tequila? Há sommeliers especializados em outras bebidas?

Entendendo o surgimento da profissão de sommelier, é possível reconhecer que, conforme uma bebida ganha destaque e atenção dos consumidores, surge também o interesse em aprofundar o conhecimento sobre ela. Dessa forma, não é de se surpreender o surgimento ou a descoberta de outros especialistas em determinados alimentos ou bebidas. Sem a pretensão de esgotar esse assunto, pois se trata de algo contemporâneo e em constante mudança, sim, é possível entender que hoje existam especialistas em praticamente todas as bebidas, porque há o interesse da própria indústria, que visa divulgar seus produtos.

De acordo com a Lei nº 12.467, sommelier é o profissional que executa serviço especializado de vinhos. Entretanto, é fundamental reconhecer que hoje existem no mercado sommeliers de cervejas, sommeliers de cachaças, sommeliers de vinhos e sommeliers de muitas outras bebidas (água, café, chá) ou até de alimentos, como chocolate, azeites, queijos. Há também expressões que são utilizadas para referenciar o profissional que desempenha a função, como "cachacier", "cachacista", "tequilier", para indicar especialistas em degustação e serviço da cachaça ou da tequila, respectivamente.

De acordo com Vaccarini (2005), até o final do século XIX o sommelier era um profissional encontrado principalmente na hotelaria de luxo. Atualmente, o sommelier pode atuar em muitos locais, como restaurantes, wine bars, cachaçarias, cervejarias, enotecas, importadoras e distribuidoras de bebidas, supermercados, lojas de bebidas, e-commerce, companhias aéreas e marítimas. O sommelier ainda tem grandes possibilidades de trabalhar de forma independente, sem necessariamente ter um emprego fixo, como consultor especialista e conduzindo eventos temáticos.

É fundamental que saiba trabalhar em equipe, pois junto ao bartender poderá conversar sobre as características de bebidas para ajudá-lo a criar um coquetel. Junto ao chef de cozinha, poderá elaborar a carta de bebidas ou propor a harmonização do dia. Junto à equipe de salão, poderá realizar treinamentos cotidianos sobre bebidas. Junto ao maître, poderá elaborar um evento temático, por exemplo.

Assim, conhecendo a especialidade desse profissional, se o maître tiver conhecimento sobre bebidas e uma visão do segmento como um todo, poderá trabalhar junto a ele para o alcance dos resultados. Dependendo da estrutura do empreendimento, o sommelier pode responder ao maître ou diretamente a um gerente ou cargo superior, mas inevitavelmente deverão trabalhar juntos na prestação de um serviço de qualidade.

Independentemente da bebida em questão, ou do nome desses profissionais, o ideal é que esses profissionais tenham conhecimento sobre todo o segmento, zelando pelo consumo responsável de bebidas alcoólicas, respeitando a diversidade e conduzindo suas atitudes de forma ética.

PROFISSIONAIS QUE DÃO APOIO AO SERVIÇO DO SALÃO

Recepcionista/host (masculino)/hostess (feminino)

O termo em inglês é muito utilizado no Brasil para designar o profissional responsável pela recepção e acolhimento dos clientes no estabelecimento, organizando eventuais filas de espera. Seu papel é fundamental para manter um relacionamento com o cliente e auxiliar a supervisão com as informações. Organiza mailing e mantém registros das preferências dos clientes.

Caixa

Recebe valores referentes aos produtos e serviços consumidos pelos clientes, realiza abertura e fechamento do caixa, emite notas fiscais.

PROFISSIONAIS DE BAR

Para exercerem sua função de forma competente, profissionais que como bartenders, mixologistas, sommeliers e baristas devem ter sólidos conhecimentos de bebidas, pronunciando corretamente as expressões em língua estrangeira típicas da área, além de buscar ampliar o repertório de aromas e sabores constantemente. Esses profissionais devem, sobretudo, valorizar e respeitar todas as bebidas, independentemente de seu tipo, estilo, origem e preço. Note que o sommelier apareceu anteriormente como um profissional de salão, e que aqui aparece novamente. Isso ocorre porque atua principalmente no salão, atendendo a clientes, entretanto, é um profissional especialista em bebidas e, portanto, muitos aspectos de sua atuação são semelhantes aos dos de bartenders, mixologitas ou baristas, como será descrito a seguir.

Esses profissionais são vendedores e, como tal, devem se comunicar de maneira clara e objetiva, de forma a contribuir para os resultados do estabelecimento, e sobretudo para enriquecer a experiência do cliente, prestando um serviço de qualidade. É imprescindível que conheçam seus clientes, suas características, seus desejos e necessidade e dominem técnicas de venda, fazendo uma abordagem adequada ao conceito do local de trabalho, oferecendo produtos que contribuam para enriquecer a experiência do cliente e colaborando para que se crie um relacionamento de confiança e transparência, gerando fidelização e, consequentemente, maior lucratividade.

A atuação desses profissionais é sempre em torno de muitas pessoas, sejam clientes externos, seja a própria equipe de trabalho. Eles estão constantemente se relacionando com colegas, parceiros, fornecedores e clientes, por isso é exigido também que tenham iniciativa e disponibilidade para servir e tratar os outros de modo hospitaleiro. Esses profissionais são fundamentais para o sucesso do estabelecimento onde trabalham, já que os serviços de alimentos e bebidas são fator essencial para a preferência do comensal. Sem contar que é muito frequente que esses profissionais sejam a referência do estabelecimento, assim como um chef é a referência da cozinha.

Sommeliers, bartenders e baristas também desempenham importante função de consultoria em estabelecimentos de alimentos e bebidas. Visando otimizar e reduzir custos, muitos estabelecimentos contam com a prestação de serviços desses especialistas em momentos pontuais para resolverem questões específicas, deixando a parte operacional do dia a dia com os funcionários do local.

Seja como funcionário de um estabelecimento, seja como consultor, o papel do supervisor será sempre o de integrar a equipe, encantar o cliente e atingir resultados. Logo, saber quais profissionais atuam no bar e suas respectivas funções é fundamental, como poderemos ver a seguir.

Gerente de operações de bar/gerente de bar

Figura mais comum em grandes estabelecimentos, na hotelaria ou em navios, é o responsável pelos resultados financeiros do departamento e pela gestão da equipe do bar. Cabe a ele planejar, controlar e gerenciar as rotinas de compras de insumos, vendas de produtos e serviços aos clientes, além de estabelecer estratégias para desenvolvimento da equipe. Se houver um gerente de restaurante no estabelecimento, ambos estarão no mesmo nível hierárquico. Dependendo da estrutura, poderá responder a um diretor de alimentos e bebidas ou diretamente ao proprietário.

Chefe de bar

Assim como o gerente de bar, este profissional também é mais comum em grandes estabelecimentos, na hotelaria ou em navios. Ele é responsável por planejar, orquestrar e supervisionar os serviços de bebidas em bares ou eventos. Também orienta e treina equipes de trabalho, além de realizar controles administrativos referentes a vendas, infraestrutura e manutenção do departamento. O chefe de bar elabora ou participa da elaboração de cartas de bebidas, da criação de coquetéis e da concepção de fichas técnicas. Realiza a requisição e o controle de insumos e de bebidas necessários para eventos ou para o turno de trabalho de acordo com a demanda e conceito do local, bem como planeja e controla o estoque.

Bartender

Responsável pelo preparo e serviço de coquetéis, além da operação e funcionamento do bar. O bartender deve conhecer as bebidas com as quais trabalha, ter a habilidade de preparar uma infinidade de coquetéis diferentes, além de lidar com os muitos tipos de clientes, o que exige uma boa dose de cultura geral e sensibilidade. Caso trabalhe em uma casa grande e bem estruturada, deverá orquestrar o serviço dos ajudantes de bar e poderá responder ao supervisor do local – chefe de bar ou maître. Se não houver um ajudante de bar, compete ao bartender realizar todo o mise en place do departamento.

Particularidades da profissão

Bartender

Também conhecido como *barman* (termo em inglês no singular para "homem do bar") ou *barmen* (plural). Como essa ocupação não é exclusiva do sexo masculino, o termo *bartender* garante certa imparcialidade nesse aspecto, pois não se refere a um homem ou a uma mulher. Outros termos também associados ao cargo: *barkeep, barkeeper, barmaid*.

Bartenders são profissionais especialistas em bebidas, mas, diferentemente dos sommeliers, são especialistas em misturá-las para produzir algo único ou replicar a receita de algum coquetel já consagrado. O campo de trabalho do bartender é amplo. Existem estabelecimentos que exigem uma postura mais clássica ou tradicional, mas há também aqueles mais descolados e modernos, inclusive com identidade artística própria. Esses profissionais podem trabalhar em locais tradicionais, como restaurantes, bares, casas noturnas e companhias marítimas, mas também há uma demanda muito grande em eventos.

O aperfeiçoamento em técnicas de entretenimento desses profissionais amplia ainda mais as oportunidades de trabalho. Conhecidos como bartender freestyle (expressão em inglês para dizer "estilo livre"), eles são especialistas em encantar o cliente realizando malabarismos ou mágicas, e, portanto, é comum e recomendável que se especializem em cursos de teatro, artes e circo.

Apesar da aparência muitas vezes mais informal e artística, é necessário que esses profissionais tenham grande domínio de técnicas específicas para realizar suas funções. São muitos os detalhes que influenciam na qualidade e no resultado das técnicas, como a densidade dos xaropes e licores, a dosagem de cada bebida ou ingrediente, as características físicas (tamanho, formato, peso, material) das garrafas, a temperatura do coquetel, o teor alcoólico, o método de preparo, entre muitos outros detalhes.

Assim como os bartenders clássicos, os freestyles também preparam e servem coquetéis, porém eles o fazem utilizando técnicas de flair, que consistem na realização de manobras exclusivas e movimentos para arremesso de garrafas. Existe ainda a diferença entre o exhibition flair (flair de exibição) e working flair (flair de trabalho). O primeiro refere-se ao estilo mais encontrado em campeonatos em casas ou eventos, que tem como objetivo entreter o cliente, sem levar em conta o tempo de execução do coquetel – o que vale é o entretenimento! Para tanto, uma das principais características é que a garrafa esteja com pouco volume de líquido, para que o mesmo não se desperdice durante todos os arremessos e truques. Esse tipo de flair ganhou destaque por meio do filme *Cocktail*, de Roger Donaldson, produzido em 1988, mas o que é mais comum de se encontrar nos bares e eventos é o working flair, que permite a utilização de técnicas de *flair*, mas leva em conta o tempo de execução dos coquetéis. Em casas ou em eventos mais movimentados, não há tempo para que um bartender fique executando infinitos movimentos enquanto o cliente aguarda ou quando há uma fila; assim, o objetivo deve ser o de descontrair, proporcionar interação, estimular a venda, mas sem interferir no andamento do estabelecimento.

Auxiliar de bar/cumim/commis/barback

Responsável por realizar o pré-preparo ou o mise en place do bar, cortando e espremendo frutas, preparando xaropes e realizando a higienização de utensílios, entre outras funções. É sua função auxiliar o bartender durante o turno e participar do fechamento do bar.

Mixologistas

O termo *mixologista* tem sido utilizado com mais frequência, e muitas vezes se faz confusão quanto à compreensão e diferença das funções que exerce com a atuação do bartender. O mixologista realiza o estudo das misturas e dos ingredientes como um todo, contribuindo para o desenvolvimento do campo, criando coquetéis ou bebidas. Muitas vezes, esse profissional teve a experiência de atuar como bartender, preparando e servindo coquetéis em um bar, mas não necessariamente. Ele pode prestar consultoria à indústria de bebidas, no desenvolvimento de produtos e até mesmo em bares e eventos, contribuindo para a criação de coquetéis específicos para o local. Existe inclusive uma polêmica quanto ao uso da palavra mixologia, pois muitos acreditam que, sim, faz parte do trabalho dos bartenders toda essa parte de criação.

Um mixologista pode fazer uso de técnicas da gastronomia – por exemplo, ao desenvolver a mixologia molecular, para elevar o nível da experiência sensorial. A gastronomia molecular, desenvolvida pelo físico e químico francês Hervé This, na década de 1980, consiste na aplicação de técnicas de ciência e de física para cozinhar de forma inusitada, contribuindo para a criação de uma experiência surpreendente. A aplicação dessas técnicas na elaboração de coquetéis é conhecida como mixologia molecular e é uma inovação na coquetelaria.

O campo de atuação de bartenders e mixologistas é um bom exemplo das mudanças dos cenários de hoje. Dependendo do estabelecimento, pode haver uma estrutura que comporte o papel do mixologista e do bartender. De acordo com o local, o mixologista pode ser um consultor que presta serviços na criação dos coquetéis da casa, enquanto o bartender pode ser o responsável pela execução das receitas. Em outros lugares onde não exista o papel do mixologista, o próprio bartender pode criar e executar as receitas. Pode haver também bares que não tenham o papel do supervisor ou do chefe de bar, fazendo que o bartender se reporte diretamente ao gerente. Enfim, são inúmeras as configurações possíveis e a responsabilidade atribuída a cada cargo.

Baristas

São responsáveis pelo preparo e serviço de cafés e bebidas à base de café e, na ausência de um auxiliar, também pelo preparo do mise en place. O profissional deve saber selecionar a granulometria do café adequada a diferentes equipamentos, moer, dosar, compactar e extrair café, por meio de diferentes métodos de preparo. Pode ser considerado o sommelier dos cafés, desenvolvendo cartas de cafés e exercendo papel fundamental na divulgação de bebidas de qualidade.

O maior campo de trabalho dos baristas são as cafeterias ou locais especializados em cafés. Dificilmente a estrutura de um bar ou de um restaurante comporta um barista: a função de extrair o café nesses estabelecimentos geralmente faz parte da rotina dos garçons ou dos bartenders. Em bares e restaurantes, um barista pode prestar consultoria para desenvolver uma carta de cafés, propor harmonização com pratos ou sobremesas, criar bebidas especiais e treinar a equipe.

PROFISSIONAIS DE COZINHA

Discutir a estrutura e a organização de uma cozinha é falar sobre Georges Auguste Escoffier (1846–1935), precursor do processo de produção da cozinha como a conhecemos hoje. Conhecido como "o rei dos chefes e o chef dos reis", Escoffier deixou inúmeras contribuições e, entre elas, vale citar a organização e a sistematização das brigadas de cozinha, a influência sobre a apresentação dos pratos, cardápios e jantares em etapas, como conhecemos até hoje. Com o objetivo de simplificar, otimizar e deixar o trabalho nas cozinhas mais eficiente, Escoffier instituiu um sistema hierárquico, no qual cozinheiros são responsáveis pela preparação dos alimentos por setores. Esse sistema, conhecido como brigada de cozinha, tornou-se um termo que é utilizado até hoje em respeito à tradição e ao reconhecimento da importância da cozinha francesa.

É importante contextualizar também que Escoffier tinha sociedade com César Ritz (1850–1918), outro personagem decisivo na evolução dos serviços de hospitalidade, por suas contribuições aos serviços e sua dedicação à excelência. Ritz contribuiu para o desenvolvimento da hotelaria de luxo, com elegância, e, junto a Escoffier, abriu estabelecimentos que ditaram tendências que são referências até os dias de hoje. Há quem diga que Ritz contribuiu inclusive para a profissão de sommelier.

Desde essa época, é reconhecida a utilização de terminologias em francês para distinguir os diferentes cargos e setores de uma cozinha, por exemplo, o poisssonier (responsável pelo preparo de peixes e frutos do mar) ou aboyer (responsável por receber as comandas e organizar as saídas dos pratos), entre outras. Assim, as posições ou cargos de uma brigada em cozinha clássica são definidas por sua especificidade. Entretanto, atualmente, esse formato já não reflete mais a realidade – por se fazer necessário um grande número de pessoas, se tornou quase inviável. Vale ressaltar que, na relação da CBO, não se encontram todos os cargos dos diferentes organogramas das cozinhas, restaurantes e bares, mesmo porque, conforme visto anteriormente, cargos são diferentes de ocupações.

Em razão dessa necessidade de ter brigadas mais enxutas, a grande maioria dos estabelecimentos foca seus esforços em manter equipes mais coesas, com os seguintes profissionais:

Chef de cozinha/chefe de cozinha

Encarregado da gestão operacional e administrativa da cozinha. É a figura que desenha os cardápios em função do público, das características da casa e da essência de sua cozinha. Além disso, todas as funções de coordenação da equipe de cozinha estão sob sua tutela. É com ele que o supervisor terá mais contato e uma relação de parceria mais próxima, por conta da demanda de serviço.

Subchef/sous chef

O segundo encarregado. Na ausência do chef, é ele quem toma as decisões e coordena a cozinha. Na rotina, é o braço direito do chef e quem finaliza e acerta detalhes que fazem a diferença. Também assume o posto de cozinheiro, em caso de necessidade.

Cozinheiros/primeiro cozinheiro/cozinheiro-líder

Funcionários operacionais responsáveis por garantir que as tarefas da cozinha sejam realizadas, primando pela saúde e pela segurança, controlando e mantendo sempre os padrões exigidos pela casa.

Auxiliares de cozinha/assistentes de cozinha/ ajudantes de cozinha

Auxiliam na execução do cardápio e nas tarefas e rotinas de funcionamento da cozinha.

Auxiliares de limpeza/steward

Garantem a limpeza de utensílios, equipamentos e mobiliário em geral. Também fazem preparos simples, a fim de reconhecer o funcionamento do setor.

Steward

A palavra em inglês *steward* refere-se ao profissional encarregado da organização e limpeza dos materiais da cozinha, do bar e do restaurante. No Brasil, é comum utilizar essa nomenclatura, especialmente em redes de hotéis internacionais. Em navios, esse profissional pode ser conhecido como cleaner.

Em empreendimentos que têm um departamento de alimentos e bebidas, com diferentes bares, restaurantes e banquetes, existe também um setor específico denominado stewarding, responsável pela gestão e limpeza dos materiais utilizados nos diferentes pontos de venda do estabelecimento. Dependendo do tamanho do local, o setor pode ter um gerente e/ou supervisor e contar com uma equipe operacional, mas em estruturas menores a equipe de stewards pode estar sob a responsabilidade do chef de cozinha ou até do gerente do restaurante.

Compete a essa equipe toda a higienização de utensílios, louças, copos, taças e materiais de serviço utilizados. É a equipe que opera as máquinas de lava-louças, lava as panelas e higieniza as taças. Além disso, são responsáveis pela montagem e desmontagem de buffets e higienização das áreas de preparo de alimentos, incluindo cozinha e áreas ao redor. Manter o controle de quebras de materiais e realizar o inventário de utensílios é parte importante dos stewards. Na ausência de um supervisor específico para essa equipe, compete aos supervisores de cozinhas, bares e restaurantes realizarem o controle, que é de responsabilidade deles.

Além dessas posições existentes em cozinhas bem estruturadas e, provavelmente, de grande porte ou de alto padrão, posições como churrasqueiro, pizzaiolo, sushiman, chefe de banquetes e profissionais de nutrição como responsáveis técnicos são comuns nas distintas tipologias de restaurantes brasileiros.

A hierarquia de uma brigada de cozinha clássica pode ter a seguinte organização:

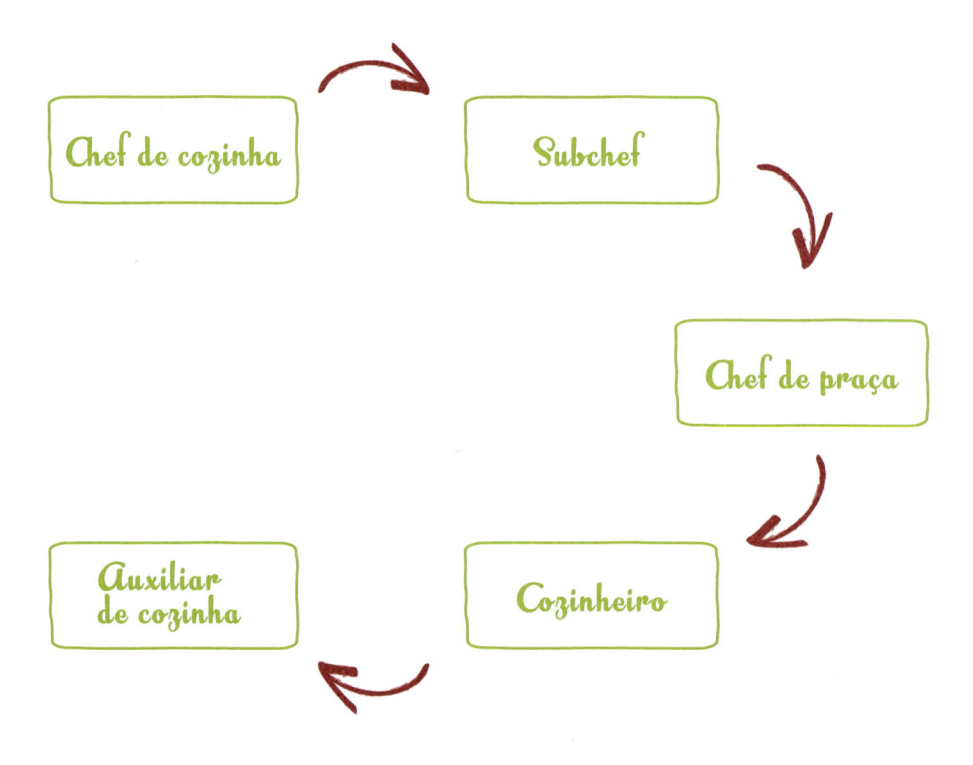

Chef de cozinha → Subchef → Chef de praça → Cozinheiro → Auxiliar de cozinha

Nesse tipo de estabelecimento, o chef de cozinha pode responder diretamente ao proprietário ou, dependendo do local, ao gerente do restaurante, que pode ser seu superior ou seu par. Outro funcionário que pode se reportar diretamente ao chef de cozinha é o nutricionista ou o steward.

O supervisor de alimentos e bebidas deve conhecer as estruturas de cozinha e as particularidades de cada posição, mas o seu papel não é o de supervisionar a equipe de cozinha propriamente dita. Sendo ele um profissional essencial para a comunicação entre todos os setores do estabelecimento, em relação à cozinha, compete a ele se relacionar diretamente com o subchef ou o chef de cozinha, para garantir que os pedidos realizados pelos clientes sejam preparados conforme solicitado.

Como já dito, é no salão e no bar que se vê a atuação direta do supervisor, considerando todas as interfaces que se impõem à realização de suas funções.

A atuação de supervisores de serviços de A&B em eventos

Um evento é toda e qualquer situação na qual duas ou mais pessoas se reúnem por um propósito e com uma intencionalidade – ou seja, uma reunião, uma festa, uma celebração, uma palestra, uma feira, um congresso, uma mostra, um desfile, entre outros tantos exemplos que podem ser dados aqui. O mercado de eventos não é apenas uma alternativa para profissionais de alimentos e bebidas, mas também uma área que tem tantas especificidades que requer, além de muita técnica e experiência, profissionais comprometidos e zelosos.

Obviamente, para que qualquer um desses exemplos tome forma e realmente aconteça, há por trás um planejamento antecipado e incansavelmente estudado, para que tudo ocorra com mínimos riscos. Também é impossível conceber um evento sem pensar em alimentos e bebidas. Minimamente, água ou café são oferecidos; em outro extremo estão os banquetes homéricos, regados a comida farta e bebidas requintadas. Ou seja, a realização de eventos é mais uma área de atuação para o supervisor, porém no recorte do serviço de alimentos e bebidas.

Neste cenário, o serviço em si não muda. As regras são as mesmas (abordadas no capítulo 4, sobre serviços). O que irá diferir o serviço a ser realizado em um estabelecimento comum do serviço realizado em evento são os seguintes fatores:

LOCAL – qualquer espaço hoje pode comportar um evento, resguardadas as legislações para uso de espaços públicos e custo para adequação. Mas, sim, qualquer lugar pode ser adaptado para um evento e para o serviço de alimentos e bebidas. Existem inclusive empresas de serviço de alimentação para eventos, comumente chamadas de buffets, com tamanha estrutura móvel que são capazes de servir multidões em locais nunca imaginados. Claro que, dependendo do espaço, algumas concessões em termos de complexidade do serviço precisarão ser feitas, além de treinamento direcionado para as equipes.

PÚBLICO – o público que frequenta um evento não é diferente do público que vai a bares e restaurantes, mas seu comportamento nessas situações tende a ser muito distinto. Em alguns casos, o fato de não haver uma conta a ser paga no final faz que o convidado tenha atitudes extremadas em relação ao consumo de comida e bebida. Outro ponto é que, por estar muitas vezes em uma situação de festividade, os ânimos podem estar um pouco alterados, o que pode levar as pessoas a praticarem ações que nem sempre são razoáveis. Cabe aqui muito jogo de cintura do supervisor para coordenar sua equipe e dos integrantes de time para lidar com situações muito diferentes.

EQUIPES – muitas vezes as empresas que realizam eventos não têm equipes fixas contratadas, pois há uma grande oscilação de volume de trabalho entre final de semana e semana e até entre os meses do ano. Sendo assim, há um grande desafio, que é trabalhar com prestadores de serviço que muitas vezes não se conhecem e não têm vínculos estabelecidos. Sendo assim, sua função de coordenação necessita ser ainda mais atenta e detalhista. É possível adotar alguns recursos, como realizar reuniões prévias, mas não é de praxe no mercado investir em treinamentos longos, visto que esses profissionais, por trabalharem de forma autônoma, não têm por intuito atuar sempre para as mesmas empresas.

CAPÍTULO 2

Espaços de serviços de alimentos e bebidas

Alimentos e bebidas têm papel fundamental no relacionamento entre as pessoas, fazendo parte da história da humanidade. Há uma íntima relação entre a alimentação humana e o contexto da hospitalidade. Logo, espaços que servem alimentos e bebidas são locais de confraternização, podendo gerar maior integração entre as pessoas. Esse tipo de espaço funciona como sua terceira casa, segundo o sociólogo urbano norte-americano Ray Oldenburg. Para esse autor, a primeira casa seria o local onde moram; a segunda, o local onde trabalham; e a terceira, o local onde acontecem as interações sociais informais que proporcionam uma vida em comunidade.

> *As pessoas necessitam de locais onde possam encontrar outras pessoas para trocar ideias; discutir política, filosofia; fazer amigos, relacionar-se; compartilhar momentos e assim desenvolver um senso de "comunidade", de "pertencer" a um determinado grupo. (Oldenburg, 1987)*

Hoje em dia, os espaços que servem alimentos e bebidas são tão diversos que não é mais necessário um local fixo ou um estabelecimento com instalações tradicionais para acolher e servir as pessoas. Os food trucks, bar trucks e wine bikes são bons exemplos dessa versatilidade. Outro exemplo são os "restaurantes sem paredes", lugares adaptados para o preparo e o serviço de refeições em locais inusitados, como jardins, praias, vinícolas e cavernas. Tem também os restaurantes, os bares e até as cervejarias pop-ups, que basicamente são instalações temporárias, em diferentes lugares ou momentos; ou então os restaurantes secretos, que geralmente são itinerantes e funcionam mediante divulgação do local por meio de rede social ou via "boca a boca" de quem já os conhece.

Espaços de alimentação estão por toda a parte: dentro de estabelecimentos como postos de gasolina, lojas, centros automotivos, cabelereiros, barbearias e até farmácias. Para atender a grandes quantidades de pessoas, hospitais, escolas, indústrias, exército e prisões, existem os restaurantes de coletividade. Nas empresas, existe a copa, local onde os funcionários podem consumir suas refeições preparadas em casa, adquiridas de empresas de marmitas ou entregues por restaurantes. Nos Estados Unidos, por exemplo, em muitas copas de empresas há máquinas ou geladeiras que disponibilizam pratos prontos e os comercializam por meio de sensores que identificam a retirada do produto da máquina e, consequentemente, acionam a cobrança *on-line*, sem necessidade de disponibilizar um serviço propriamente dito.

Outra consideração interessante em relação aos espaços são os serviços que oferecem. Afinal, o que seriam dos espaços sem os serviços? Alguns desses serviços referem-se justamente a alternativas de comercialização das preparações, para possibilitar que os clientes as desfrutem em outros espaços. Assim, serviços de entrega (*delivery*), de refeições para viagem (*take out*) e de *drive-thru* se modernizam constantemente e contam com tecnologia para otimizar as vendas e ampliar as possibilidades para os clientes. Centrais de reservas *on-line* e aplicativos concentram as opções de forma que o cliente possa escolher e fazer o pedido com muita facilidade, por meio de cardápios de uma infinidade de restaurantes e pagamento *on-line*. A entrega dos pedidos também passou por uma revolução: a Uber Eats, por exemplo, amplia a forma de levar as comidas ao cliente, possibilitando aos estabelecimentos fornecer um serviço melhor e mais ágil ao consumidor, além de permitir a quem faz a entrega a oportunidade de utilizar bicicletas, motos ou carros para realizar o serviço.

Seria impossível elencar todos os tipos de espaços e ocasiões em que as pessoas consomem alimentos e bebidas, simplesmente porque, a cada momento, há uma novidade. Contudo, considerando as mais variadas proposições de espaços que se apresentam nos dias de hoje, é importante reconhecer quais características são comuns entre os diferentes locais que oferecem alimentos e bebidas, como veremos a seguir.

O conceito do estabelecimento

Os espaços, assim como os serviços, reinventam-se e tornam-se compatíveis com as necessidades e os desejos do público a que pretende atender, e criatividade é o que não falta. Para tanto, é imprescindível que o conceito do estabelecimento seja bem definido. Assim, o conjunto de ideias que define a identidade do local deve ser consistente e refletir o propósito do negócio de forma que todos os elementos do estabelecimento estejam em sinergia, como: o nome do negócio, o porte e os tipos das instalações, a capacidade de atendimento, o ambiente, o conforto, a organização do espaço, o acabamento, a decoração, o design, a música, a iluminação, a tecnologia, o horário de funcionamento, a quantidade e as responsabilidades dos funcionários, o tipo de utensílios, o mobiliário, os serviços prestados, o cardápio, os tipos de produtos vendidos, os preços praticados... absolutamente tudo!

O conceito consistente e alinhado às expectativas, necessidades e desejos do público-alvo esperado é um bom começo para o sucesso do empreendimento e é fundamental para a definição do segmento de mercado a que atende, pois contribui para a percepção de valor.

A partir disso, é possível definir os serviços prestados pelo estabelecimento, como lugar exclusivo para cães, serviço de motorista ou táxi, local para fumar, brinquedos ou monitores para crianças, refeições especiais para diferentes públicos, serviços de entrega ou retirada de refeições, aplicativos, centrais de reserva compartilhadas *on-line* ou presenciais.

O conceito do estabelecimento também deve considerar o tema do ambiente. Temas inusitados são trabalhados de forma criativa para atrair diferentes públicos e prestar serviços ao cliente, cada vez mais exigente e particular. Não há restrição quanto ao tipo de tema que possa inspirar um estabelecimento ou serviço. Muitos representam a cultura e os hábitos de determinadas regiões, alguns resgatam tradições ou hábitos de outros tempos e outros destacam uma etnia em particular ou mesmo um único tipo de cozinha ou bebida.

As possibilidades são infinitas, incluindo restaurantes que contratam cozinheiros que são avós e que nunca frequentaram cursos de gastronomia e produzem comida caseira, indo na contramão dos restaurantes com chefs renomados. Bares são especialmente ousados na proposição de temas, e é possível encontrar os mais variados tipos, indo do circo a Wall Street, *sci-fi*, terror e até Woodstock. Tudo o que se puder imaginar, existe!

Todos esses elementos contribuem para o entendimento dos tipos de estabelecimentos que existem, entretanto não há um consenso acerca de quais são as categorias de bares e restaurantes, uma vez que variam conforme o tempo e a cultura alimentar do local.

Restaurantes

Ainda que exista uma infinidade de tipos de estabelecimentos que servem alimentos e bebidas, não há necessariamente uma definição científica para as categorias, os gêneros e as classificações de bares e restaurantes. A classificação varia de acordo com os critérios de quem a propõe.

Assim, encontram-se diferentes tipologias, dependendo dos autores, da mídia, dos guias, das revistas, dos aplicativos e afins. As categorias são as mais diversas possíveis, contando inclusive com algumas propostas bem exóticas ou mesmo indefinidas, que geram mais confusão do que ajuda, pois na falta de clareza aparecem sob a categoria "sem definição".

A definição de uma tipologia muitas vezes não será capaz de enquadrar alguns tipos de negócios, sendo assim, o ponto crucial ao buscar uma tipologia para o estabelecimento é olhar para suas principais características e entender quais delas são relevantes ao funcionamento do local. A finalidade de reconhecer possíveis tipologias não é enquadrar o estabelecimento em rígidas regras, mas dar subsídio para que novas possibilidades de empreendimento surjam, promovendo inovação nesse ramo.

Pacheco (2010b) identifica que os principais tipos de restaurantes no Brasil são: internacional, típico, de especialidade, gastronômico, comercial, de autoestrada, de empresa, churrascaria, pizzaria, cantina italiana, brasserie e coffee shop, lanchonete, casa de chá, boîte (boate) e bar noturno.

Já Fonseca (2006) divide os estabelecimentos em restaurantes tradicionais, internacionais, gastronômicos e de especialidades, sendo subdivididos em grill, brasserie, choperia, fusion food, típicos regionais, fast-food (coffee shop, lanchonete, e self-service) e restaurantes de coletividades (buffet e catering). Ainda enumera outros, como casa de chá, doçaria, casa noturna, rotisseria,[1] sorveteria, pub, casas de sucos e vitaminas e drugstores.

Bardsley (2001) define os estabelecimentos de acordo com o tipo de prestação de serviços, como: restaurantes (pub-restaurants, restauroute, temáticos, de luxo, brasserie); fast-food e take

---

[1] Estabelecimentos que oferecem seleção de antepastos, refeições, molhos e sobremesas, pronto ou semipronto, geralmente para terminar de preparar em casa.

away (sanduíches, hambúrgueres, pizza); e contratual (comercial, industrial, escolar, prisões). Chon e Sparrowe (2014) apontam que "o mercado, o conceito e o cardápio também podem ser utilizados para classificar os serviços de alimentação, sejam eles comerciais ou industriais", e propõem a seguinte categorização: restaurantes finos, temáticos, informais, étnicos, familiares, buffet/grelhados, restaurantes de serviço rápido, terceiras casas (cafés e catering).

Ainda é válido comentar algumas categorizações propostas por revistas ou sites que trazem outras divisões para facilitar a compreensão das pessoas e que apresentam um retrato da realidade e versatilidade de tipos de restaurantes, como: bom e barato, comidinhas (cachorros-quentes, cafés, chás, chocolates, doçarias, empórios e mercados gourmet, hambúrgueres, padarias, pastéis, rotisserias, salgados, sanduíches, sorvetes e sucos), bares (bares-restaurantes, botecos, chope e cerveja, drinques, espanhóis, izakayas,[2] mexicanos, música ao vivo, para agitar, pubs, variados, wine bars) e restaurantes (alemães, árabes, armênios, asiáticos, brasileiros, carnes, rodízios, chineses, cozinha de autor, coreanos, espanhóis, franceses, gregos, indianos, italianos, cantinas/trattorias, japoneses, judaicos, latinos, mediterrâneos, mexicanos, naturais, peixes e frutos do mar, pizzarias, portugueses, refeições em buffet, suíços, tailandeses, turcos, variados, vietnamitas).

Hoje, a diversificação de empreendimentos voltados aos serviços de alimentos e bebidas torna a tipificação de bares e restaurantes cada vez mais ampla e complexa para ser definida, e é importante considerar que muitas vezes essas definições podem se sobrepor ou se complementar. Todos os dias surgem novos conceitos, pratos, bebidas e serviços, tornando o mercado muito mais atrativo para os clientes, porém muito mais desafiador para os profissionais. Sem contar que há uma infinidade de temas que inspiram a customização

---

2 Espécie de boteco japonês que serve diversas opções de petiscos enquanto se bebe saquê, shochu (destilado) ou cerveja. Eles estão cada vez mais populares em São Paulo.

dos ambientes, a decoração, o cardápio e os próprios uniformes dos funcionários, fazendo que o cliente tenha uma experiência única.

Nesse contexto, ser mais um não garante resultado. Olhar para o mercado e descobrir novos nichos tornou-se uma prática, e não um diferencial. Tanto é que, mesmo locais tradicionais, com histórico e indicadores de sucesso, já têm revisto seus padrões para contemplar o que o seu público deseja, ou ainda mais: têm repensado o todo para surpreender, causar impacto em seus consumidores. Daí a importância de os estabelecimentos permanecerem antenados às novidades e tendências e definirem um conceito alinhado com as expectativas e necessidades do seu público-alvo a fim de garantir sua sobrevivência. Em uma era em que a tecnologia é presente na vida rotineira das pessoas, o preço de não proporcionar ao cliente a opção de consumo via internet seria muito alto.

Além disso, vale também considerar que os consumidores criam uma expectativa elevada até pelo acesso à informação. A novidade cai no esquecimento muito mais rápido, tornou-se efêmera, impondo um desafio aos estabelecimentos, o de se manter conectados e atuais, ao menos ao compasso de seu público. É importante que, ao buscar um novo conceito com o intuito de impressionar o público, novamente o ciclo do negócio seja revisto, isso quer dizer que todos os aspectos relevantes à operação devem ser revistados, para assim garantir a experiência que o cliente busca.

TIPOS DE RESTAURANTES

Hoje, contamos com uma grande quantidade de estabelecimentos com autosserviço, ou até com locais tão simples que é descabido propor a contratação de equipes superqualificadas. Portanto, buscou-se neste capítulo priorizar a descrição dos estabelecimentos que poderiam representar um campo de trabalho para supervisores de serviços de alimentos e bebidas, de forma geral. As tipologias apresentadas a seguir foram aquelas consideradas referência de acordo com o que existe no mercado.

Regional

Traz um cardápio que reflete a cozinha do local referido. Ingredientes e fornecedores do entorno têm sua essência aqui representada. Muitas vezes até termos que são comuns naquele local podem aparecer no cardápio.

Teoricamente, deveria haver um alinhamento também com as bebidas oferecidas, mas questões de logística e de custos nem sempre viabilizam disponibilizar bebidas locais. Além disso, o consumo de bebidas tende a ser mais universal, tendo em vista principalmente os não alcoólicos.

O ambiente pode trazer caraterísticas da região em questão, com objetos que representem a cultura e os festejos do local usados como parte da decoração ou até como inspiração para pratos e preparos.

Cozinhas regionais podem ser relacionadas a um país ou a uma região menor. Como exemplo, temos a culinária africana, alemã, argentina, coreana, espanhola, libanesa, japonesa, portuguesa, americana, mexicana, tailandesa, marroquina, suíça, francesa, brasileira, vietnamita, indiana, chinesa, peruana, italiana, uruguaia, grega, turca, baiana, mineira, nordestina, mediterrânea, asiática, ibérica, oriental, caipira, árabe, latina, etc.

Gastronômico ou autoral

O chef costuma ser reconhecido, e seu nome pode até mesmo batizar o local, conferindo prestígio ao restaurante. O cardápio é pensado de forma a materializar os conceitos e preceitos seguidos por aquele chef, não necessariamente se submetendo a conceitos clássicos na composição de seu cardápio.

Outra característica muito forte desse tipo de estabelecimento é o uso de técnicas gastronômicas que possibilitem uma cozinha mais autoral. Ou seja, há uma mistura de bases, ingredientes e técnicas que pode ser chamada de fusion food, resultando em uma gastronomia inventiva e autêntica.

Esse tipo de restaurante requer uma carta de bebidas que esteja em sinergia com a proposta da cozinha, ou pelo menos trazendo sugestões de harmonização para enriquecer a experiência do cliente.

No quesito estrutura, em restaurantes gastronômicos ou autorais são encontrados detalhes e requintes pensados e planejados especificamente para o conceito deste espaço, muitas vezes contando com a participação de um grande designer ou arquiteto que ajude a imprimir uma marca no local. Da mesma forma, o serviço também tende a ter mais personalidade, com características mais minimalistas, menos reproduzidas.

De especialidades

São as casas que, por se valerem de itens muito específicos, acabam por se caracterizar a tal ponto que assumem isso como uma tipologia. Muitos desses estabelecimentos utilizam nomes que refletem exatamente o que produzem, como pizzaria, churrascaria, temakeria, coxinharia, torteria, hamburgueria, creperia, brigaderia, kebaberia, pastelaria, tapiocaria, churreria. Nesta categoria poderia entrar quase tudo, apresentando inclusive subdivisões: por tipo de alimento, por método de cocção, por tipo de preparo, por tipo de dieta e assim por diante. Nessas casas, é praticamente impossível determinar uma característica única, tanto de serviço como de estrutura. Por exemplo, enquanto há pizzarias com perfil de fast-food, onde se tem comida rápida e ambiente muito simples e funcional, há pizzarias mais sofisticadas, com salões requintados e serviço à la carte, que praticam preços a um patamar igualmente elevado.

Bistrô

Pequeno estabelecimento que tem como conceito cardápios exclusivos e não rotineiros. As preparações são pensadas de acordo com a estação ou oferta de produtos com maior qualidade naquele momento e são geralmente oferecidas pelo menu degustação ou pelo sistema table d'hôte,[3] podendo também ser harmonizadas com bebidas.

Outro fator encontrado é o serviço, que, por ser realizado por uma equipe muito pequena, pode ser executado tanto pelo chef quanto por outro profissional, sem seguir regras muito rígidas, mas com qualidade de produtos incontestável.

No Brasil, simplificou-se o conceito de bistrô a um restaurante de pequeno porte com produções culinárias requintadas e equipes muitas vezes superdimensionadas.

Lanchonete

No Brasil, não faz sentido alocar lanchonetes na mesma categoria de fast-food, pois esse tipo de estabelecimento não se caracteriza necessariamente pelo autoatendimento, tampouco o cliente permanece por um curto espaço de tempo no local. Dependendo da lanchonete, há uma grande variedade de itens, contendo lanches, sorvetes, salgados, pizzas, omeletes, pratos rápidos, sucos, vitaminas, milk-shakes, cafés e chás no cardápio. Nelas, costuma-se oferecer um serviço mais simples e um enxoval pouco requintado (pratos, talheres e demais utensílios), recorrendo até mesmo em alguns casos ao uso de descartáveis. Contudo, aqui também há exceções.

Fast-food

São serviços de alimentação que oferecem uma produção culinária rápida. O cliente fica em pé, de frente ao balcão para fazer seu pedido, pagar e receber a comida que ele mesmo leva até a mesa.

O cardápio contém opções de ingestão rápida. Normalmente, são encontradas em restaurantes franqueados e as mais variadas possíveis, podendo contemplar hambúrgueres, saladas, sopas, sanduíches diversos, pizzas, massas, etc.

---

3 Cardápio fixo com preço predeterminado.

Hoje a tecnologia vem impactando esse tipo de restaurante para que seja ainda mais rápido, permitindo, por exemplo, que os clientes possam fazer os seus pedidos por aplicativo.

Fast casual, fast fine ou fine casual

Em virtude de altos custos relacionados à mão de obra, na Europa e nos Estados Unidos iniciou-se uma nova proposta de restaurantes que praticamente não têm equipe de serviços de salão. Esses tipos de espaços podem ser considerados como uma mistura do autoatendimento do fast-food com um restaurante comercial (casual ou informal), no caso do fast casual; ou com um restaurante mais sofisticado, no caso do fast fine ou fine casual. A infraestrutura, a ambientação e a qualidade dos alimentos e das bebidas são equivalentes aos estabelecimentos casuais ou mais sofisticados, porém o próprio cliente faz seu pedido, retira sua comida no balcão, serve-se das bebidas e até limpa a sua própria mesa. Claro que essa proposta pode variar, podendo ter atendentes de balcão, commis para entregar a comida, remover bandejas ou até levar bebidas, mas não há a tradicional equipe de garçons para atender o cliente, e muito menos um maître. Nesses estabelecimentos, a tecnologia é uma aliada, pois o cliente pode fazer o pedido via celular ou em *tablets* do local, e as máquinas de vinhos, cervejas, cafés e sucos podem garantir as dosagens corretas e a qualidade de produtos, no caso do autosserviço. Além disso, já existem restaurantes fast casual com cozinhas robóticas que dispensam até a brigada de cozinha.

Self-service ou buffet

A própria pessoa se serve, munindo-se de uma bandeja com o prato, os talheres, os copos e os guardanapos, escolhendo os alimentos que deseja consumir dispostos no buffet e até mesmo servindo-se da bebida.

Normalmente, há um preço preestabelecido pelo quilo da comida ou também pode-se consumir à vontade por um preço fixo. No salão, o cliente tem à disposição um local para se acomodar e realizar a refeição, cabendo à equipe do restaurante limpar as mesas ou, dependendo do local, servir bebidas.

Também são chamadas de buffets as empresas que realizam serviço de alimentos e bebidas em eventos, considerando que, nesses casos, o serviço pode ser realizado de acordo com a necessidade ou especificidade de cada cliente.

Comercial

Ficaram muito famosos por vender pratos feitos, o famoso PF, a preços relativamente baixos. Hoje alguns restaurantes comerciais têm suas propostas tanto estruturais como de cardápios-revistas, e já apresentam um pouco mais de cuidado. O antes chamado PF virou o prato executivo ou, em alguns casos, ampliado para o almoço executivo, com uma entrada, prato principal e sobremesa sendo vendidos a preço único. O serviço, nesses casos, é realizado pela equipe à mesa do cliente.

De coletividade

Os conhecidos refeitórios são atualmente chamados de restaurantes de coletividade, servindo refeições a um grande número de pessoas, em escolas, hospitais e indústrias. Normalmente, contam com o trabalho de nutricionistas e/ou concessionária para sua operação. Suas cozinhas operam com custos baixos e cobram valores fixos por pessoa, que podem ser pagos pelas empresas que os contratam, pelo próprio consumidor ou já descontados no salário do funcionário, integral ou parcialmente.

Cantinas

O termo no Brasil remete a dois estabelecimentos completamente diferentes. Caracteriza-se pela cozinha caseira, tipicamente italiana.

Aconchegante e com serviço acolhedor, geralmente apresentam uma boa relação custo-benefício.

Mas também são chamadas assim as cafeterias/lanchonetes que se instalam em escolas em que há comercialização de itens para lanches e salgados, sem serviço ou com estrutura de serviço.

> **OSTERIA E TRATTORIA: QUAL A DIFERENÇA?**
>
> Osteria, hosteria ou ostaria é a forma mais simples de um estabelecimento que serve refeições, tipicamente familiar. É mais tradicional na Itália que no Brasil, mas é possível encontrar por aqui estabelecimentos que levam a palavra no nome.
>
> Já a trattoria é um tipo de restaurante casual e simples, típica cantina italiana que serve comida local e lembra a cozinha da avó feita em casa. O preço normalmente é mais acessível por conta da simplicidade do local e do atendimento, e é mais atrativo para quem quer gastar pouco e comer muito bem.
>
> Hoje em dia, osteria e trattoria são muito parecidos e servem o mesmo tipo de comida e bebida.

Confeitaria

Da mesma forma que as padarias estão ampliando seus serviços, algumas confeitarias, além de comercializar doces, salgados, tortas, bolos e sorvetes, em alguns casos podem até servir refeições.

Padaria

Ainda que esses estabelecimentos remetam ao preparo de pães e afins, é comum que ofereçam serviços de café da manhã, lanches, almoços e pratos prontos para serem levados para casa ou consumidos no local, além de ofertar uma infinidade de produtos que podem ser adquiridos, muitas vezes se assemelhando a uma mercearia. Em algumas, até se compram produtos de limpeza e vinhos de alto custo. O serviço pode ser muito simples ou muito sofisticado. Há uma gama de diferentes proposições, mas as padarias representam concorrência significativa a estabelecimentos de alimentos e bebidas diversos, dada à sua vasta operação.

DINER

Estabelecimento tradicional americano e pouco encontrado no Brasil. Tipicamente, o ambiente é casual e muitas vezes retrô. Predominam os hambúrgueres, as batatas-fritas, os milk-shakes, as tortas e o café.

> Os primeiros diners eram industrializados, construídos sobre rodas e organizados de forma que fossem eficientes (um balcão divide o diner em duas metades; de um lado fica a cozinha e, do outro, os clientes). Ao longo dos anos, os diners passaram por inúmeras transformações, como a adição de cabines e mesas para aumentar o número de assentos e diferentes arranjos de design interno, que iam desde a fórmica branca até a arte moderna.
>
> Ultimamente, o diner tem surgido novamente não apenas nos Estados Unidos, mas também no Canadá e na Europa, valorizando ainda mais um ícone americano. (Chon e Sparrowe, 2014, p. 169)

Apesar deste capítulo contemplar uma grande variedade de espaços de serviços, não se esgota o tema: pode-se garantir que rapidamente surgirão novos modelos de negócios, tanto para suprir novas demandas quanto para atender às que já existem.

QUEBRANDO AS FRONTEIRAS DO ESPAÇO FÍSICO: COMIDA E BEBIDA SOBRE RODAS

Em um capítulo sobre tipos de estabelecimentos de alimentos e bebidas, é preciso mencionar os food trucks, que vieram para ficar e nos ensinam que quebrar barreiras proporcionam um novo olhar sobre os negócios de alimentação. Como o foco do capítulo é descrever locais que poderiam ser possíveis campos de trabalho para os supervisores de alimentos e bebidas, vai aqui uma rápida menção a esse tipo de negócio, pois quem disse que esses empreendimentos de comida ou bebida sobre rodas não podem necessitar de um supervisor para seus serviços mais adiante?

Venda de cachorro-quente, pastel, sorvete e churros na rua são marcantes na cultura gastronômica nacional há muito tempo, mas propostas mais elaboradas de comidas e bebidas de rua em caminhões, trailers ou furgões adaptados é algo mais recente, que ganhou força nos Estados Unidos. A partir da crise econômica de 2008, muitos restaurantes fecharam e empresários viram nos food trucks uma forma mais economicamente viável para se manterem no ramo da alimentação.

No Brasil, essa onda ficou mais forte a partir de 2013 e, desde então, existem diversas associações para representar o segmento em âmbito estadual ou até regional. Essa forma de negócio impacta e influencia os espaços de uma cidade, muitas vezes fazendo com que a prefeitura designe locais específicos para a reunião de diversos food trucks, como os chamados food parks, que passam a ser considerados como atrativos turísticos da região. Espaços de eventos também se beneficiam com a presença desse serviço, pois podem desonerar a logística e o investimento no evento como um todo, ao mesmo tempo em que contribuem para a geração de renda para os food trucks. Mas não pense que esse tipo de serviço ou negócio é apenas voltado para a comercialização de alimentos, pois é crescente o número de bar trucks, wine bikes, bike cafés... o que vale é a criatividade para identificar uma oportunidade de inovar nos negócios.

Caminhão, trailer, furgão, bicicleta, motocicleta... independentemente do meio de locomoção e proposta do serviço, é preciso estar de acordo com as normas da Anvisa, Denatran, Detran, Prefeitura e Inmetro.

Bares

Há muito tempo os bares são lugares de confraternização e socialização entre pessoas. Esses estabelecimentos muitas vezes são atrativos turísticos das cidades, assim como os profissionais que trabalham nestes locais.

Tradicionais ou contemporâneos, clássicos ou modernos, existe uma infinidade de tipos de bares.

> *Um bar pode ser caracterizado como um local agradável e aconchegante onde se servem bebidas alcoólicas, outras não alcoólicas e alguns salgadinhos para acompanhar os drinks e os coquetéis. Geralmente é composto de um balcão de tamanho variado, de acordo com o espaço existente, e de banquetas ou assentos individuais. (Pacheco, 2010a, p. 24)*

O conceito do estabelecimento deverá estar alinhado ao público que pretende atrair e definirá os produtos que serão comercializados, o tipo de música – se houver –, os tipos de serviços e o perfil dos profissionais que trabalham lá. Por ser um ponto de encontro e proporcionar um ambiente para compartilhar bebidas, alcoólicas ou não alcoólicas, as pessoas buscam bares para assistir a jogos esportivos, confraternizar com os colegas após o expediente no famoso *happy hour*, comemorar aniversários, ouvir música, namorar, dançar, entre outras infinitas razões.

As características do ambiente, da decoração, da localização, do conforto, da tecnologia, dos tipos de produtos vendidos e serviços prestados contribuem para a existência de uma infinidade desses estabelecimentos. Bares podem ser encontrados em hotéis, motéis, residências, complexos turísticos, aviões, navios, shopping centers, parques de diversões, eventos e até em barbearias.

É comum encontrar restaurantes que levam a palavra "bar" no próprio nome e até aqueles estabelecimentos que não querem ou não conseguem definir, trazendo no nome menção aos dois, "bar e restaurante", ou mais atualmente o termo "gastro bar".

Afinal, é bar ou é restaurante? Muitos autores propõem formas de classificar esses estabelecimentos, mas não há uma definição formal ou oficial para os tipos de bares, bem como não há para os tipos de restaurantes. Assim, a proposta a seguir visa contribuir para o entendimento de alguns dos vários tipos de bares existentes, considerando que muitas vezes essas definições podem se sobrepor ou se complementar e, ainda, entendendo que representam possíveis campos de trabalho para supervisores de alimentos e bebidas.

TIPOS DE BARES

Temas inusitados são trabalhados de forma criativa para atrair diferentes públicos e não há restrição quanto ao que pode inspirar a tematização de um bar. Muitos representam a cultura e os hábitos de determinadas regiões. É possível encontrar estabelecimentos com temas variados e, claro, os esportes também inspiram a tematização de bares, pois atraem pessoas para assistir a diferentes jogos ou mesmo praticá-los, como é o caso dos snooker bars.

Do mesmo modo, os mais variados tipos de música são objetos de bar: jazz bar, piano bar, rock bar... enfim, tudo o que se puder imaginar existe, inclusive de forma muito inusitada e inovadora, como a criação de bares tão especializados que alguns chegam a ousar, por exemplo, os oxygen bars (bares de oxigênio, em tradução livre), locais onde os clientes podem experimentar oxigênio com aromas distintos para proporcionar diferentes sensações de bem-estar. O cliente é ligado à máquina via um tubo que ejeta o ar por determinado tempo diretamente nas vias nasais da pessoa.

Para completar essa lista, é possível verificar também que praticamente qualquer bebida (mas não só) que entra na moda inspira a criação de um local especializado em seu preparo. É o caso, por exemplo, do martini bar, negroni bar e muitos outros. Assim, seria impossível esgotar os temas que inspiram esses lugares, essencialmente de confraternização, mas, independentemente do tema, os bares têm uma tipologia determinada.

Speakeasy

O conceito desse tipo de estabelecimento remete ao período de lei seca nos Estados Unidos (década de 1920), quando preparar, consumir e/ou vender bebidas alcoólicas era proibido. A principal característica é que são escondidos, intimistas e, às vezes, até exclusivos.

Uma dose de curiosidade

Ao longo da história, algumas iniciativas buscaram impedir o consumo de álcool, motivadas principalmente por questões financeiras. Conforme aponta Carneiro (2002, p. 117):

> *No início do século, a experiência da Lei Seca, de 1920 a 1934, nos Estados Unidos, fez surgir as poderosas máfias e o imenso aparelho policial, unidos na mesma exploração comum dos lucros aumentados de um comércio proibido, que fez nascerem muitas fortunas norte-americanas [...].*

Essa época é caracterizada pelo surgimento de grandes fortunas, produções ilegais de bebidas e pelo crescimento da prática da coquetelaria, que misturava outros elementos às bebidas, muitas vezes de má qualidade, para torná-las mais agradáveis.

> *[...] a preocupação com flagrantes policiais acarretava o consumo de bebidas até diretamente de frascos e garrafas, ou, ainda, em canecas de café. Sucos de frutas foram combinados com licores e runs, especiarias e outros sabores, com o intuito de dissimular o conteúdo alcoólico dos coquetéis, e servidos em copos grandes, cocos e abacaxis de cerâmica, conchas, esculturas e copos de bambu decorados com flores [...]. (Furtado, 2009, p. 37)*

Apesar de registros indicarem que, desde o século XIII, cozinheiros dos sultões turcos já criavam coquetéis perfumados com água de rosas para driblar as rigorosas regras de Maomé em relação ao álcool, os coquetéis viraram moda em meados do século XIX, quando muitos deles foram surgindo e as técnicas, se aprimorando. Nessa época surgiu também a figura do especialista no preparo das mais variadas misturas alcoólicas – o bartender –, e inúmeros tipos de bares, como american bar, piano bar, snack bar, wine bar, singles bar, executive bar e tantos outros estabelecimentos especializados em produção e serviço de coquetéis e demais bebidas. (Senac, 2013)

American bar

O bartender é a principal atração nesse tipo de estabelecimento. O cliente pode sentar-se atrás do balcão para desfrutar de sua bebida, enquanto acompanha a preparação do coquetel – muitas vezes até conversando com o bartender. Os american bars apresentam um longo balcão e prateleiras para a exposição de garrafas. Também podem ter uma infinidade de temas que vão ditar a decoração, a música, o serviço e os produtos que são comercializados. A montagem do salão é geralmente voltada para o bar, justamente por conta da figura do bartender.

Piano bar, jazz bar, "qualquer instrumento" bar

É comum encontrar a definição de piano bar na literatura, mas por que não incluir na mesma categoria os outros instrumentos musicais? Afinal, esses estabelecimentos apresentam características semelhantes às do american bar, mas o elemento principal é a presença, muitas vezes ao vivo, da música, sem o ambiente de dança. Costumam ter um ambiente mais intimista.

Dancing bar/boîte

O mesmo conceito do american bar, mas oferece música e uma pista de dança.

Taberna/taverna

Na sua origem, este tipo de estabelecimento servia refeições, bebidas e hospedagem a viajantes. No Brasil, hoje o termo remete ao lugar em que vende bebidas, como um armazém, mas também a bares temáticos da Idade Média. Na Europa, o termo em inglês *tavern* ainda é utilizado para se referir ao local de consumo de alimentos e bebidas em um ambiente intimista.

BARES DE OUTROS TEMPOS OU LOCAIS

No *boom* da internet estavam em alta os cyber bars, locais que serviam bebidas e que os clientes tinham à disposição computadores com acesso à internet. Nos dias de hoje, esse tipo de estabelecimento parece antiquado ou nada funcional, tendo em vista que o wi-fi é uma realidade para a maioria das casas e o acesso à internet não é feito só por computadores.

Saloon: típico do oeste americano na época da corrida do ouro nos séculos XVIII e XIX. Funcionava como bar, restaurante, casa de diversão e também oferecia hospedagem para os viajantes.

Promenade bar: Bar tipicamente europeu, com serviços de chá, café, petiscos e bebidas. Localizado em calçadas, beiras de lagos e parques.

Pub

É um típico bar inglês, cuja expressão vem de *public house* (casa pública ou aberta ao público). Além da Inglaterra, pubs são tradicionais na Irlanda, Canadá, Austrália e Nova Zelândia.

Nos pubs são servidas bebidas alcoólicas, em especial cervejas, e refeições, e se disponibilizam jogos, como dardos e mesas de bilhar. Neles, a música é constante. Tendo origem na Inglaterra, local frio e chuvoso, é comum oferecer um ambiente intimista, fechado, com muita presença de madeira e com baixa luminosidade. Também pode ser denominado de gastro pub ou gastro bar, quando há um foco e cuidado especial para as preparações culinárias do local.

Outra variação é o micro pub, que se refere a estabelecimentos pequenos, com foco na experimentação de bebidas, de preferência locais, sem necessariamente ter a parte da cozinha elaborada ou um enfoque gastronômico. Já o brew pub (ou brew house) são os pubs que produzem a própria cerveja e só as vendem no mesmo local. Geralmente, essa é uma opção para quem quer começar a produzir cervejas comercialmente, e pode ser uma alternativa de comercialização para micro ou nano cervejarias. Neles, a cerveja pode ser servida diretamente do tanque e o produtor pode experimentar uma grande variedade de receitas, dependendo da sua capacidade de produção. Este tipo de estabelecimento é muito comum nos Estados Unidos, mas não no Brasil ainda, por conta da legislação e das possibilidades de atuação.

> *Brindar à saúde de alguém antes de tomar cerveja é um vestígio da crença antiga em suas propriedades mágicas. E sua forte associação com uma interação social amigável e despretensiosa permanece imutável: é uma bebida feita para ser compartilhada. Seja em aldeias da Idade da Pedra, salas de banquete da Mesopotâmia ou bares e restaurantes modernos, a cerveja vem congregando e reunindo as pessoas desde a aurora da civilização. (Standage, 2005, p. 38)*

Snack bar

É tipicamente estruturado para servir refeições rápidas e bebidas. Está presente em lojas de departamentos, aeroportos, estações ferroviárias e hotéis.

Bar molhado/pool bar

Estabelecimento que dá apoio à piscina, muitas vezes localizado à beira da piscina, onde os clientes têm a opção de consumir os alimentos e bebidas dentro d´água. Muito comum em resorts e grandes hotéis à beira-mar.

Tiki bar

Este tipo de estabelecimento é muito frequente nos Estados Unidos e tem uma temática que remete à Polinésia ou Havaí. É caracterizado pela forte presença de coquetéis elaborados e exóticos.

Bar de tapas

Tapas, um costume secular da Espanha, são aperitivos ou petiscos servidos em bares e restaurantes, geralmente acompanhados por uma bebida, alcoólica ou não.

Cocktail bar

É um bar especializado no serviço de coquetéis, muitas vezes autorais. Atualmente conta com a consultoria de mixologistas renomados ou tem uma equipe de bar bem qualificada.

Boteco/botequim

Típico estabelecimento brasileiro onde predomina a informalidade, petiscos fritos, cerveja gelada, caipirinha e tradicionais coquetéis, como rabo de galo, cynar, etc. A infraestrutura é simples, com balcão e mesas que geralmente ocupam até a calçada.

Wine bar/bar de vinhos

São estabelecimentos especializados em venda e serviço de vinhos, por taça ou garrafas. Curiosamente, não se utiliza com frequência o termo "vinheria" para esse tipo de local. Atualmente há máquinas específicas que, além de acondicionarem os vinhos com a temperatura desejada, também têm *dispensers* que "liberam" a dose certa pelo cliente. Alguns wine bars dispõem de uma grande quantidade dessas máquinas, e o próprio cliente se serve à vontade, mantendo o registro do consumo das taças em cartões. Esse sistema "self-service" de vinhos é algo bem contemporâneo e impacta diretamente no conceito e tipo de serviço prestado pelo sommelier e toda a brigada, exigindo também um alto investimento nessas máquinas.

Wine bars mais tradicionais podem oferecer várias opções de vinhos em taça, mas o serviço pode ser realizado pelo próprio garçom ou sommelier. Independentemente do tipo de serviço, a regra é que nesses estabelecimentos é possível disponibilizar uma grande quantidade de rótulos para serem degustados por taça, sem que o cliente tenha de comprar toda a garrafa, ou mesmo por garrafa, se o cliente desejar.

Whisky bar/gin bar/negroni bar/martini bar/"qualquer bebida" bar

Seria impossível descrever ou mencionar todas as bebidas que têm bares dedicados a elas, já que à medida que alguma bebida ganha notoriedade ou entra na moda, empreendedores investem em bares específicos para elas.

Nesses tipos de bares, há uma versatilidade enorme de coquetéis à base de uma bebida específica, além de uma grande diversidade de bebidas por dose ou mesmo um esquema de clube da garrafa, em que o cliente compra a garrafa toda e a mantém no estabelecimento à sua disposição.

Cachaçaria

Bar especializado na venda de cachaças, por dose ou por garrafa, mantendo o conceito de clube da garrafa ou oferecendo uma grande variedade de coquetéis produzidos com a cachaça. Muitas vezes, esses tipos de locais comercializam algumas cachaças "da casa", oriundas de um produtor que fez uma boa negociação ou mesmo desenvolveu uma bebida especialmente para o local. Poderia ser chamado de bar de cachaça ou cachaça bar, mas é usual utilizar a palavra *cachaçaria*.

Cervejaria e choperia

O nome *cervejaria* pode causar confusão, pois remete tanto ao local que produz cervejas quanto ao estabelecimento onde é consumida. Normalmente, disponibilizam uma grande variedade de chopes e cervejas, ainda que não exclusivamente. Podem ter estrutura de bar ou de restaurante e até serem anexos de uma microcervejaria. Na Europa, esse tipo de estabelecimento é chamado de *brasserie*.

Tap bar/tap house

Locais especializados em serviço de chope. Geralmente a variedade é grande, com maior destaque para os chopes artesanais. Dependendo do local, o serviço pode ser realizado pelo próprio cliente ou com o auxílio de um atendente. A parte gastronômica existe, mas o foco certamente não é esse.

GROWLERS

Recipientes parecidos com garrafões feitos de vidro, cerâmica ou inox normalmente de meio galão (cerca de 1900 ml), que servem para transportar chope – algo como levar "cerveja para viagem". Os growlers são vedados e, se mantidos em geladeira, podem conservar o chope por alguns dias, possibilitando ao cliente consumi-lo em diferentes locais. Muitos locais vendem chope a preço especial para o cliente que levar seu growler. Alguns já oferecem inclusive uma growler station (estação de growler), mas, como já era de se esperar, há locais especialmente projetados para vender chope para essa finalidade, as growlerias.

Cafés e casas de chá

O surgimento de locais especializados em diferentes bebidas não é recente, mas ainda é algo muito atual, e a tendência é só aumentar. Porém, é importante entender que não só as bebidas alcoólicas representam esse universo. Assim, faz-se necessário apontar locais que servem bebidas, mas não são bares propriamente ditos, mesmo que certamente tenham algumas características semelhantes, uma vez que servem diversos alimentos e outras bebidas, além daquela proposta.

CAFÉS/CAFETERIAS/ COFFEE HOUSES/ COFFEE BAR/ ESPRESSO BAR

Cafés ou cafeterias são, sobretudo, associados a um local de encontro e convívio com pessoas, além de, obviamente, serem estabelecimentos especializados em servir cafés, de diversas maneiras, inclusive coquetéis com e sem álcool. A busca por produtos artesanais e de qualidade impulsionou o surgimento de cafeterias especializadas em extração de grãos, que adotam diferentes métodos de preparo da bebida.

Esses estabelecimentos especializados costumam ser chamados de coffee bar ou espresso bar. Os baristas (especialistas no preparo e serviço de cafés) são peças-chave nesses estabelecimentos, além de seus auxiliares. Há ainda as grandes redes de cafeterias internacionais que também influenciam e disseminam outras formas de consumo da bebida pelo mundo. As cafeterias históricas são conhecidas como coffee houses.

CASAS DE CHÁ

A popularização do consumo de chás contribuiu para o surgimento e crescimento desses tipos de estabelecimentos especializados no serviço de chás e infusões. A variedade dos produtos costuma ser grande, para disponibilizar aos clientes opções de dezenas de países, com utensílios próprios e serviços que incluem uma orientação, caso queiram realizar o ritual do chá – o serviço ganha outra dimensão quando se propõe a ensinar ao cliente todas as etapas do ritual.

Como o *chanoyu*[4] baseia-se no ritual de servir o chá todo planejado pelo anfitrião para seus convidados, pode-se dizer que a cerimônia do chá é um exemplo de hospitalidade, no âmbito da dádiva. As etapas descritas anteriormente [referentes à cerimônia] deixam evidentes que todos os elementos (ambiente, utensílios, gestos/ritual) que compõem a cerimônia foram estabelecidos para servir o outro. Durante a cerimônia em si, e principalmente ao final, os convidados agradecem este momento específico e elogiam o cuidado e a atenção do anfitrião, demonstrando a dádiva em seus três pilares (dar, receber, retribuir) tão defendidos por diferentes pesquisadores. (Jhun, 2012, p. 31)

[4] *Chanoyu* é a cerimônia do chá, uma das tradições mais representativas do Japão. (Jhun, 2012)

Os setores de um espaço contemporâneo de alimentação

A estrutura de um estabelecimento que comercializa alimentos e bebidas deve ser pensada de acordo com o conceito do local, de forma a suprir as necessidades de operação e da clientela. A definição das instalações, o dimensionamento, a decoração, a iluminação, a música, o design e todos os detalhes precisam ser estudados e estar alinhados, a fim de atrair clientes ou garantir o atendimento esperado.

Um projeto de restaurante que contempla cozinha, salão, bar e áreas de apoio ao serviço deve ser destinado a profissionais que entendem de fluxo de mercadorias e pessoas. Os profissionais de design também são muito requisitados para pensar nas estruturas e detalhes para concretizar o conceito do local. É fundamental que a estrutura de bares e restaurantes respeitem as normas de higiene e de segurança, pois acidentes acontecem, mas os riscos podem ser diminuídos com a disposição correta dos espaços, os fluxos de serviço e o treinamento constante de equipe.

Normalmente, restaurantes e bares, independentemente do tipo, tamanho ou preço, têm cinco espaços ou setores principais comuns entre eles, o que é necessário para assegurar o bom funcionamento de ambos os estabelecimentos. Esses espaços compartilhados requerem gestão, podendo gerar desdobramentos, conforme o conceito e tipologia da proposta, sendo eles o salão, o bar, a cozinha, os estoques e os espaços para alocação da equipe administrativa.

SALÃO

Este é o local onde todas as ações se convergem: os clientes são recebidos e acomodados, a comida e a bebida são servidas e as contas são cobradas e pagas, com movimentação contínua do atendimento.

O salão muitas vezes divide seu espaço com a estrutura do bar, que pode ser tanto uma área de produção, apenas dando apoio aos serviços do restaurante, como também um local de atendimento e serviço aos clientes. Normalmente, o primeiro item a ser servido aos comensais serão as bebidas, justificando-se então a proximidade dos setores.

O dimensionamento do salão deve ser estruturado de acordo com a capacidade física do local e conforme a capacidade de produção da cozinha, considerando o espaço físico e a brigada. Não existe uma regra padrão ou proporção ideal que possa ser aplicada para o dimensionamento de um salão, já que ele tem de estar em harmonia com o conceito geral, e depende da mobília e da estrutura escolhida.

Não se pode esquecer do acesso para pessoas com deficiência, exigido pela legislação brasileira. Em estabelecimentos novos, a decisão de como será pensado esse local é feita em comum por todos os líderes, garantindo assim que todos tenham o entendimento de sua responsabilidade para a concretização do serviço e o atendimento ao público.

Mobiliário do salão

Em relação ao mobiliário, os itens normalmente são pensados para atender aos clientes, em sinergia com as necessidades das brigadas. Sendo assim, comumente serão encontrados itens como:

Mesas e cadeiras

Suas características devem ser definidas de acordo com a proposta e com o conceito do local, e fazem parte da sua caracterização. Em restaurantes sofisticados, as mesas tendem a ser maiores e mais espaçosas, para comportar os utensílios necessários para realizar o serviço. O material desse mobiliário tende a ser robusto, e as cadeiras confortáveis, com design diferenciado. A montagem costuma ser de dois, quatro ou seis lugares.

Já em restaurantes menos sofisticados ou em bares, os jogos de mesas e cadeiras podem ser mais simples e menos resistentes, aceitando-se até mesmo que sejam de plástico, desde que alinhados ao conceito do estabelecimento. Geralmente são montados em formato de quatro, seis ou até oito lugares.

Em alguns casos, as mesas e cadeiras não ficam fixas, podendo ser montadas conforme a demanda da operação, como ocorre em áreas externas, cujas praças são montadas e desmontadas diariamente. Um mobiliário que permita o empilhamento ou que seja fácil de ser guardado ou armazenado facilita a operação.

Há ainda as mesas do tipo bistrô, que têm diâmetro menor e são mais altas. São indicadas para o uso em bares e locais de espera, pois sua função se restringe a aparar copos e pequenas porções, não se destinando a uma refeição, por exemplo. Para essas mesas são recomentadas banquetas altas, com encosto ou não.

Aparadores

Podem ser móveis (com rodinhas) ou fixos, pesados e com aparência de balcão. Ficam alocados por praças para auxiliar a brigada com a disponibilidade de utensílios para o serviço ou reposição ao cliente. Além de servirem de apoio para itens como azeites, molhos, sal, etc., os aparadores também podem ser usados para armazenar uma grande quantidade de utensílios e enxoval (pratos, talheres, copos, guardanapos, etc.). Nas atividades que antecedem a operação, no momento em que se realiza o mise en place, também podem servir de apoio para os procedimentos de higienização e polimento dos materiais do salão.

Carrinho de serviço (guéridon)

São estruturas móveis com dimensionamento menor do que os aparadores e da mesma altura das mesas do salão, pois geralmente são usados para fazer alguns tipos de serviço à mesa ou levar algo até o cliente. Também servem para transporte de itens de um local a outro, dependendo da estrutura.

Buffet ou mesa de serviço

Os buffets são estruturas fixas ou móveis, destinadas a acomodar os alimentos servidos. São quentes ou frios, dependendo a que se propõem. Os buffets mais tradicionais são fabricados em aço inox e usam o sistema de "banho-maria", em que o recipiente do alimento fica em contato com a água quente para manter a temperatura dos alimentos. Porém, há também buffets elétricos, com fachada revestida em madeira ou até mesmo em pedra (mármore/granito), pensando em ter uma aparência mais elegante. Em alguns locais, em vez de apresentarem um buffet propriamente dito, mesas podem ser usadas como suporte para réchauds.[5]

---

5 Utensílio que mantém o alimento quente durante o serviço.

BAR (SETOR)

O termo "bar" também pode ser utilizado para fazer referência a um setor dentro de um restaurante ou mesmo de um evento. São várias as possibilidades e funções realizadas pelo setor de bar, que poderá até ser chamado de copa ou cambuza, no caso de não ter acesso direto aos clientes externos. O tipo de estabelecimento, o conceito dado a ele e o serviço que se quer prestar ao cliente certamente influenciará na configuração do bar.

Essencialmente, sua função como setor é a de preparar as bebidas para os pontos de venda a que estiver atrelado. Por exemplo, em grandes hotéis existe um bar interno/copa que dá suporte para o restaurante, o room service, o bar da piscina, o bar de banquetes, etc.

O bar, como área de um estabelecimento de alimentação (dependendo da tipologia), também pode atender o cliente que fizer o pedido diretamente no balcão, além de dar suporte aos pedidos oriundos do salão ou de outros pontos de venda. Em todos os casos, a estrutura física do ambiente e a equipe de bar deverão contribuir para que a sequência de serviços seja eficiente e bem definida.

A proposta das cartas de bebidas, coquetéis e o volume de vendas contribuirão para a definição da estrutura e da equipe do bar. O setor normalmente contará com a seguinte estrutura:

Balcão

Deve ter comprimento, altura e largura para proporcionar conforto aos clientes e funcionalidade à brigada. O tampo pode ser de uma infinidade de materiais, desde que seja de fácil limpeza e duradouro.

Antebalcão ou balcão de serviço

Área de trabalho da equipe do bar, que normalmente é acoplada ao balcão para permitir que, além de preparar os itens, o bartender possa dar a devida atenção aos clientes. Deve permitir mobilidade da equipe e comportar todos os equipamentos e utensílios, de forma a contribuir para a eficiência e eficácia nos fluxos de trabalho. Por ser uma área de produção alimentícia, é recomendável que seja de aço inoxidável e que esteja de acordo com as normas da regulamentação sanitária vigente.

Prateleiras e armários

Como as garrafas de bebidas têm design arrojado e são muito bonitas, costumam ser verdadeiros itens de decoração nas prateleiras dos bares. A iluminação das prateleiras pode potencializar a atratividade do local. Os armários devem ser pensados de forma a integrar o ambiente e proporcionar funcionalidade. Podem ter portas de vidro para garantir a segurança, mas ainda deixando visíveis as garrafas.

Banquetas

Devem estar linhadas à altura do balcão, proporcionando conforto ao cliente, e em harmonia com o conceito do local.

A relação de equipamentos e materiais também vai variar de acordo com o conceito e tipologia do local. Geralmente os bares contam com geladeiras ou câmaras refrigeradas devidamente reguladas com a temperatura adequada para a bebida que for acondicionada, além de máquina de fazer gelo, máquina de café, adegas, mixers, extratores de sucos, e o que mais for preciso para dar suporte à execução dos serviços prestados. Essa relação de equipamentos (e também de utensílios) varia muito, dependendo do estabelecimento. Em cafeterias, por exemplo, os equipamentos básicos podem ser: torradores, expositores de grãos, moinhos de café e máquinas específicas. Já em brew pubs, que produzem cervejas, os equipamentos serão outros.

Assim, a garantia de um serviço de qualidade aos consumidores está atrelada à utilização de equipamentos adequados.

COZINHA

A cozinha dita a maioria das decisões e direcionamentos de um restaurante, principalmente pelo fato de ser o setor em que há maior investimento financeiro, e também pelo seu custo de produção. Ou seja, há de se olhar para esta operação com muito cuidado.

Outro detalhe também está relacionado à responsabilidade em relação à segurança dos alimentos, à segurança dos manipuladores e a fatores relacionados ao ambiente. Dentro da cozinha, habitualmente, há uma divisão setorial, até mesmo física, por conta das especificações de preparo de alguns alimentos e para garantia de sanidade desses produtos. Mais comumente, as cozinhas encontram-se assim divididas:

Cozinha quente

Onde são feitos os itens principais do cardápio, além das preparações que servem de base para outros preparos, como recheios, molhos, caldas e muito mais. Costuma ser acomodada na área central ou mais próxima à saída dos alimentos (boqueta), visto que a maioria das produções é finalizada ali. Em relação a equipamentos e mobiliário, a cozinha quente é composta por fogões, fornos, fritadeiras, chapas, refrigeradores/congeladores, mesas e bancadas, além de coifas e exautores, entre outros. Geralmente, por conta das regulamentações sanitárias, esses equipamentos e mobiliários são feitos ou revestidos em aço inox ou materiais de fácil higienização.

Cozinha fria ou garde manger

Onde se realizam as preparações frias, como saladas, tortas, frios e queijos, entradas frias, entre outros. Estruturalmente é mais simples, podendo ser composta, em geral, por bancadas, áreas de preparação geladas, pias para higienização, refrigeradores ou congeladores, fatiadores de frios e processadores de alimentos, além de outros utensílios.

Copa/cambuza

Como já apontado, este é um espaço bastante versátil, cuja funcionalidade e especificidade dependerá do estabelecimento, podendo assumir a função de "bar", onde serão feitos os sucos, os cafés, os chás e até as produções culinárias simples. Dependendo da organização e fluxo do empreendimento, pode também se responsabilizar pelo couvert[6] e sobremesas. Suas instalações contam com bancadas, refrigeradores ou congeladores, pias para higienização e extratores de sucos, entre outros.

Confeitaria

É daqui que saem os doces e sobremesas. Quando há possibilidade, esse espaço é separado fisicamente de outros setores da cozinha, a fim de preservar a qualidade dos ingredientes. Doces, em geral, são sensíveis a odores e sabores, portanto a distinção dos utensílios e até do mobiliário faz-se realmente necessária. O ambiente é composto por bancadas, refrigeradores ou congeladores, fornos, cilindros, batedeiras e liquidificadores e por diversos utensílios específicos, como sacos de confeitar, fôrmas de bolos e biscoitos, pratos giratórios, etc.

---

[6] Alimentos servidos em pequenas quantidades, antes da refeição, como: pão, manteiga, pastas, azeitonas.

ÁREAS DE APOIO OPERACIONAL

Recepção e higienização de alimentos ou mercadorias

Esta área contribui para a higiene e manipulação dos alimentos. Aqui as mercadorias são recebidas, higienizadas e às vezes até porcionadas, contribuindo para a padronização das preparações. Por recomendação sanitária, na impossibilidade de haver este espaço separado fisicamente das áreas de produção, é importante que existam procedimentos claramente descritos e implementados, conforme a regulamentação vigente.

Higienização de materiais/ copa limpa/copa suja

Setor ou diversos setores que se destinam à higienização e manipulação de louças, utensílios, copos, panelas e todos os materiais para uso do salão, do bar e da cozinha. Neste local, as pias são a base da estrutura, bem como as bancadas, que podem ainda contar com máquina de lavar louças ou máquinas de lavar copos. Nesse quesito, também é imprescindível que claramente existam processos determinados, a fim de não acontecer contaminação cruzada, conforme orienta a regulamentação vigente.

Estoque

Área destinada à armazenagem de produtos, geralmente dividida em estoques secos, refrigerados, congelados, de produtos de limpeza e uso geral. Dependendo de como é administrado o estabelecimento, este estoque que fica na cozinha pode ser apenas para uso diário, e um estoque central é mantido à parte. Em outros casos, o estoque fica acessível a todos e normalmente é gerenciado pela cozinha, até mesmo por ser este o setor com maior consumo de itens.

O bar costuma ter um estoque separado para manter as bebidas. É uma área essencial para o controle de custos e planejamento de compras, devendo ter temperatura e ventilação adequados aos tipos de produtos que armazenam.

Caixa

O local ideal depende do conceito e do tipo de estabelecimento. Tipicamente, o caixa fica localizado próximo à saída, em locais em que o próprio cliente realiza o pagamento após o consumo. Já se o modelo de negócio prevê que o cliente pague antes de consumir, o caixa poderá estar localizado logo na entrada do estabelecimento. Se o cliente não tem contato com o caixa, o melhor local deve prever o fluxo de serviço da equipe.

Recepção

Nem todos os estabelecimentos necessitam de um local próprio para receber os clientes. Quando o há, é comumente mobiliado com assentos para que as pessoas se acomodem enquanto esperam. Também pode ter uma mesa ou púlpito onde um recepcionista cuida da organização das pessoas em função do fluxo do local.

Banheiros

Não devem ficar muito distantes nem muito próximos do salão. Devem ser bem sinalizados, amplos, arejados, limpos e confortáveis. Há uma exigência legal hoje para banheiros adaptados ao uso de pessoas com deficiência, além de ser recomendado que, para maior conforto e menor desagrado dos clientes, tenha-se pelo menos um banheiro masculino e um feminino; contudo, algumas casas já optam por banheiros sem determinação de gênero. E, apesar de não se exigir banheiros exclusivos para funcionários, é recomendável criá-los, a fim de preservar a intimidade deles.

Escritórios ou salas administrativas

Não é obrigatória a existência de um local onde as questões administrativas sejam tratadas. Porém, se houver disponibilidade de espaço, é recomendável que haja um local onde as questões relacionadas ao trato financeiro, questões relativas a recursos humanos e/ou, ainda, rotinas que exijam maior concentração sejam realizadas. Nada é mais inadequado do que usar as mesas do restaurante para isso, e não é incomum essa cena. Algumas tratativas devem ser resguardadas das vistas dos clientes, principalmente quando envolver dados e informações pertinentes à operação, de forma direta.

Estacionamento

Obviamente, este não é um ambiente que pode ser mudado ou alterado facilmente em estruturas já existentes, mas é hoje fator decisivo para a ida a alguns locais, principalmente quando se pensa em grandes centros urbanos, onde custa caro estacionar o carro. Caso exista, ele não precisa ser grande o suficiente para acomodar a mesma capacidade de atendimento do local, mas precisa ser confortável para quem o utiliza, ou seja, de fácil acesso à entrada da casa e, quando possível, coberto. Pode-se estabelecer convênios com estacionamentos próximos para auxiliar naquelas situações em que é impossível de se alocar esta conveniência.

CAPÍTULO 3

Os serviços de alimentos e bebidas

O ato de se alimentar vai além do aspecto nutricional e está relacionado com as manifestações culturais e sociais ao longo do tempo. Brillat-Savarin (1995), um dos mais famosos gastrônomos de todos os tempos, diz que o ato de compartilhar a comida teve início no momento em que o ser humano deixou de se alimentar apenas de frutos e raízes e passou à fase de preparar a carne para consumi-la em reuniões, inicialmente restritas à família, depois estendidas às relações de vizinhança e, posteriormente, às de amizade. O autor ainda complementa, defendendo que o prazer da mesa é próprio da espécie humana, pressupondo cuidados preliminares com o preparo da refeição, com a escolha do local e com a reunião dos convidados.

Como já vimos, comer e beber à mesa tem tudo a ver com hospitalidade, já que as pessoas estão reunidas trocando experiências e compartilhando momentos de prazer. Segundo o professor Boutaud (2011), comer juntos é um ritual e tem um significado simbólico muito superior à simples satisfação de uma necessidade alimentar, e essa forma de partilha, de troca e de reconhecimento é chamada de comensalidade. É por isso que utilizamos a palavra *comensal* para nos referirmos aos clientes dos restaurantes.

Ora, se esse momento à mesa é tão importante para os comensais, o que isso representa para quem está desempenhando o serviço? E mais, o que isso significa para o supervisor de alimentos e bebidas que, como já comentado, exerce uma função estratégica em bares e restaurantes, principalmente no salão?

Neste capítulo, dedicado aos serviços de A&B, serão abordados técnicas, procedimentos e tendências que contribuem para o supervisor adquirir o conhecimento necessário para orientar sua equipe, de forma a proporcionar uma experiência de qualidade aos comensais. Para tanto, buscou-se apresentar como as situações acontecem na operação, de uma forma simples, a fim de trazer à tona o universo de possibilidades de serviço no mercado da alimentação, considerando suas técnicas e necessidades, com foco no papel executado pelo supervisor.

Atendimento ao cliente × serviço

Quando o cliente entra em um estabelecimento de alimentos e bebidas, sua expectativa, mesmo em ambientes mais simples, independentemente do tipo de local ou do valor que se paga, é sempre a de que algumas regras serão seguidas por ambas as partes. Ele também espera que o tratem com hospitalidade, que poderá ser gratificada ou não no final. Pode-se dizer que existe um certo manual de conduta ou de etiqueta à mesa, podendo também ser chamado de acordo de convivência, no qual as partes assumem um papel e têm suas funções predefinidas. O que muda nessa situação é como o desenrolar das atuações se dá. Obviamente, por se tratar de pessoas e situações diferentes a cada minuto, não é possível prever o que acontecerá ou acertar sempre, mas, quanto mais se tem clareza sobre os propósitos, mais coerente se torna esse processo.

Pensando em minimizar erros e seguir uma sequência de serviços, vale entender a diferença entre o atender e o servir. O termo *atender*, no mundo dos restaurantes e da gastronomia, é o ato de entregar ao comensal o produto que é solicitado, utilizando algum canal específico (comandas, pedidos, guichês, etc.), conforme técnicas previamente definidas pelo tipo de atendimento que a casa costuma aplicar. As funções desempenhadas pelos atendentes costumam ser mais restritivas do que as de um garçom, por exemplo, podendo consequentemente exigir menor capacitação deste profissional.

Não se pode dizer que o atender ou que as casas focadas no atendimento não tenham sua importância, muito pelo contrário. Estabelecimentos com foco em atendimento rápido são negócios rentáveis e muito procurados pelo público, uma vez que agilidade é uma condição da vida moderna. Além disso, atender não significa não ser cortês e atencioso, mas sim direto e assertivo, entregando exatamente o que se pede, em curto espaço de tempo. Geralmente nesses estabelecimentos não vemos a figura do maître de salão, mas sim a do supervisor do restaurante, que atua com foco na solução de problemas, na coordenação da equipe de atendimento, no direcionamento das estratégias de vendas, no cuidado com os clientes e na logística da operação.

Já o serviço está relacionado ao modo como um vínculo se estabelece com o cliente nos momentos que antecedem e permeiam o ato de atender, ou seja, há uma aproximação com o cliente para que se possa estabelecer uma relação momentânea, a fim de, por meio de um diálogo e da percepção do seu comportamento, entender quais as necessidades e expectativas em relação àquele momento. O serviço refere-se ao cuidado para com o outro, tomando decisões no intuito de "beneficiar" o comensal, pelo genuíno entendimento de que é assim que se serve. Servir demanda tempo.

A linha dessa tratativa é delicada, pois mesmo com tamanho desdobrar, deve-se manter um distanciamento do comensal, a fim de preservar a sua intimidade e individualidade no momento do serviço, mas sendo cortês o suficiente para estar à disposição para atendê-lo, e mais, para superar suas expectativas. A criticidade desse fazer está obviamente nos limites, tanto do cliente em perceber a necessidade do profissional na sua atuação quanto o inverso. Não são incomuns os relatos de clientes que se excedem em relação aos profissionais do serviço, tratando-os como amigos, colegas ou mesmo fazendo exigências que são impossíveis de serem cumpridas. O mesmo vale para esses profissionais que, na ânsia de prestar um bom atendimento, ou mesmo na expectativa de garantir gorjetas mais polpudas, passam do limite e impõem um excesso de cuidados, tornando esse momento exaustivo ao comensal.

O único meio para garantir que esse processo mantenha as características desejadas pela casa é o treinamento constante da brigada e, sem dúvidas, o olhar do supervisor sobre todo o processo. É nesse momento que algumas etapas são definidas, de acordo com as características do negócio e com o estilo de atendimento e aproximação que se quer desse cliente. Também é do supervisor a incumbência de mediar as relações, tornar o atender um serviço e mais: garantir que as partes possam executar seus papéis.

Para que o serviço seja realizado da maneira esperada, é importante que seja considerada, além dos aspectos abordados anteriormente, toda a estrutura, para que se possa prover o esperado. Não bastam apenas as tratativas, se não há um garfo colocado à mesa no momento em que o prato é servido. Dessa forma, serão abordados a seguir os principais aspectos de ordem prática, que são primordiais à execução de um serviço.

MISE EN PLACE

O termo *mise en place* vem do francês e significa "colocar em ordem". Segundo Barreto (2004, p. 295), "é a arrumação prévia de qualquer atividade". É aplicável a todos os setores dentro de um estabelecimento de alimentos e bebidas, mas comumente se ouve a expressão quando se trata da operação da cozinha, para definir a etapa de separação, higienização, corte e porcionamento de ingredientes que serão usados em uma determinada receita.

No salão, o mise en place ocorre no momento em que são manipulados os utensílios necessários para um determinado tipo de serviço. Outro fator que impacta no mise en place é a definição do cardápio, sua sequência e quantidade de pessoas atendidas. Pode-se citar as seguintes etapas para a execução do mise en place:

- definição do tipo de serviço;
- análise do cardápio e apresentação dos pratos;
- seleção de utensílios e equipamentos (caso necessário);
- limpeza, desinfecção ou polimento dos utensílios;
- montagem da mesa, conforme a modalidade do serviço;
- montagem de aparadores com materiais que serão necessários ao longo do serviço ou para reposição, como utensílios (talheres, copos, pratos, guardanapos, etc.) ou consumíveis (azeite, condimentos e sal, entre outros).

Para que o mise en place seja feito, é importante conhecer todos os itens que o compõem. Os utensílios são os itens usados no serviço, tanto pela brigada quanto pelos comensais, para realizar suas refeições. Devem ser selecionados de acordo com o cardápio e em harmonia com o conceito do empreendimento. Apesar de unitariamente terem baixo custo, a grande quantidade necessária de utensílios torna essa compra valiosa, além de ser preciso fazer uma reposição constante por perdas e quebras. A seguir, são relacionados os principais artigos e algumas de suas características.

TALHERES – garfos, facas e colheres de mesa, de sobremesa, de chá e de café são usados pelos comensais para realizar suas refeições ou consumir algum produto. Talheres como os de peixe também podem ser usados, porém hoje não tão comumente. O peso e o formato dos talheres dependerá das preparações a serem servidas e, como mencionamos, do conceito do restaurante ou do bar. Há também de se contemplar os talheres de serviço, como a colher de arroz, os pegadores de massas e saladas, as conchas e espátulas, entre outros. São maiores que os talheres de mesa e servem tanto para que os clientes se sirvam em buffets como para a brigada realizar o serviço. Alguns itens considerados de mesa também podem ser usados para serviço, como é o caso das colheres.

PRATOS – podem ser rasos, fundos, de sobremesa, de pão e pires. Geralmente de cerâmica ou porcelana, mas podem ser também de barro e vidro. Costumam ser redondos e brancos, porém hoje a tendência é a variedade, o formato, a gama de cores e estampas, além das texturas.

SOUSPLAT – suporte em tamanho maior que o prato usado para a composição da montagem da mesa. Serve como base para os pratos, tendo a função de manter a limpeza da mesa e facilitar a remoção de resíduos, além de embelezar. Dependendo do material de que é feito, ajuda até a manter a temperatura dos alimentos nos pratos.

COPOS – praticamente toda bebida tem um tipo de copo ou taça – às vezes até mais de um –, tendo inclusive nomes próprios, em alguns casos. Copos e taças realçam as características positivas das bebidas, contribuindo para a experiência do comensal. Vale ressaltar ao menos os itens mais tradicionais, como taças de vinho, de cerveja e copos para bebidas não alcoólicas, que são os usados para uma montagem de mesa mais tradicional. São tantas as variedades que recomendamos consultar o livro *Copos de bar e mesa* (2009), de Edmundo Furtado, para uma descrição detalhada sobre a evolução, a história e o serviço dos copos e taças.

UTENSÍLIOS EM GERAL – são definidos por cada estabelecimento, conforme sua necessidade. Podem ser citados aqui os guardanapos de pano e papel, as toalhas de mesa, os jogos americanos, os galheteiros e os porta-sachês, entre tantos outros.

UTENSÍLIOS PARA O SERVIÇO – podem ser enquadrados aqui os abridores de garrafas, as bandejas em aço inox ou antiderrapantes, as bandejas para autosserviço, os guardanapos de serviço, os moedores de pimenta e queijo, as molheiras, os panos descartáveis para limpeza, etc. São itens que auxiliam a brigada de serviço na execução de suas tarefas.

UTENSÍLIOS DE BAR – o leque de utensílios de bar é amplo e contempla uma especificidade grande por tipo de material, abrangendo: amassadores e espremedores de frutas, abridores de diversos tipos de bebidas, baldes de gelo, caçambas para gelo, coadores e colheres específicas, como as bailarinas, copo de bar (mixing glass), coqueteleira Boston (shaker), dosadores, facas diversas, jarras, passador de coquetel, pinças diversas, ralador de noz-moscada, tábuas diversas, polvilhadores, etc.

Figura 1
UTENSÍLIOS DE BAR

COQUETELEIRA

DOSADOR – 2 MEDIDAS

AMASSADOR DE FRUTAS

COADOR

COLHER BAILARINA

DECANTERS – são utensílios usados para promover o processo de aeração de um vinho ou para separar possíveis sedimentos. São feitos de vidro ou cristal e, apesar de tradicionalmente terem o formato de boca afunilada com base larga, podem apresentar diversos formatos, o que os tornam peças de extrema beleza.

Obviamente, existem outros itens que compõem o serviço, mas essa definição acompanha as necessidades de cada brigada, as características do serviço e também a ambientação do espaço. É importante lembrar que o uso de alguns utensílios obedece a tendências que, de tempos em tempos, caem em desuso ou são retomadas.

Já o mise en place das mesas, ou a montagem, é definido pela modalidade do serviço. Quanto mais simples for o serviço, mais simples será sua montagem, ou seja, serão utilizados apenas os utensílios pertinentes à tipologia que a casa aplica. Para demonstrar a correta posição dos utensílios à mesa, a figura a seguir contempla uma montagem completa, do ponto de vista do comensal, que pode ser usada para as modalidades à francesa, à inglesa e empratado (as modalidades de serviço serão tratadas no próximo tópico deste capítulo).

Figura 2
MIS EN PLACE DAS MESAS

O sousplat é colocado no centro, com pequena distância da borda da mesa.

Os pratos são colocados sobre o sousplat e na sequência em que são servidos (podem ser rasos ou fundos) – também podem não fazer parte da montagem, no caso de serviço empratado.

À esquerda está o garfo de mesa (o garfo de peixe, apesar de pouco usado é colocado nesta posição também).

O guardanapo pode estar à esquerda do prato ou sobre ele.

À esquerda fica também o prato de pão e a faca de manteiga.

À direita fica a colher de sopa e as facas de mesa (que podem ser serrilhadas para carnes ou sem serrilhas para outros itens que não precisem de corte e a faca de peixe).

Acima do sousplat e pratos, estão os talheres de sobremesa, colher, garfo e faca. Os cabos são colocados no mesmo sentido dos talheres principais, ou seja, o cabo do garfo virado para a esquerda e da colher e da faca, para a direita.

Ainda à direita, acima dos talheres, ficam as taças e copos. Quando do uso de taças, devem ser posicionadas de acordo com a sequência de serviço das bebidas, considerando que a taça de água é sempre a primeira.

Considerando os mesmos itens relacionados, pode-se, por exemplo, montar uma mesa para o serviço de café da manhã, preparada para atender a um cardápio com ampla variedade de itens, mas contemplando utensílios específicos, como xícaras, pires e copos, conforme imagem a seguir.

Figura 3
MESA PARA O SERVIÇO DE CAFÉ DA MANHÃ

O cumim pode ser a figura que se responsabiliza pelo mise en place em estabelecimentos com equipes maiores, mas a montagem também pode ser realizada pelo garçom quando necessário. O supervisor tem, nesta etapa, a responsabilidade de verificar e assegurar que tudo esteja em ordem, para então dar início ao serviço dentro das modalidades vistas a seguir.

Modalidades de serviço: técnicas tradicionais

O "como" servir, por assim dizer, é o norteador para que se preparem as etapas e elenquem-se as necessidades do processo (mise en place). Define também como as pessoas serão recebidas, como serão atendidas e, por fim, como serão servidas. Ou seja, pode-se dizer que são essas etapas que caracterizam um serviço completo, que regularmente é definido pela casa e seguido por todos, uma vez que isso impactará no trabalho tanto da cozinha como do bar e, principalmente, na equipe de sala.

Contudo, para se entender quais possibilidades são cabíveis, é de suma importância olhar para as modalidades clássicas e entender sua lógica, para então poder reestruturar sua dinâmica de forma que se encaixe em operações mais contemporâneas. As modalidades descritas a seguir podem ser plenamente executadas pelos garçons, porém nada impede que o supervisor, por sua experiência, realize-as.

À FRANCESA

Essa modalidade já foi conhecida como serviço diplomata, pois habitualmente era realizada em jantares governamentais, oficiais ou de grande importância social, nos quais se exigia um serviço diferenciado. Hoje não é tão comum, pois exige uma brigada superdimensionada e muito qualificada, uma vez que cada garçom conseguirá servir um número pequeno de comensais. Dificilmente é vista em restaurantes, mas, quando é realizada, isso se deve aos eventos que a comportam, pois, além de tudo, ainda há a questão do tempo de execução a ser considerado.

No mise en place do serviço à francesa, é preciso que a mesa seja posta com pratos, talheres e copos que serão usados durante toda a refeição, uma vez que o cliente será servido à mesa durante todo o tempo. Para a brigada, serão necessários alguns utensílios, como garfos, colheres, pinças, travessas, guardanapos e outros que o ajudem a trazer conforto ao cliente.

O serviço inicia-se por travessas de alimentos que são montadas na cozinha. É aconselhável que as travessas não sejam excessivamente grandes, e que a quantidade de alimento colocado seja o suficiente para servir um número pequeno de comensais. Por ser um serviço demorado, se excedido esse número, os comensais seguintes encontrarão o alimento já frio. Também é importante que a travessa não tenha um grande número de preparações. Isso traz dúvidas ao comensal, que, por consequência, demorará mais a se decidir por um alimento ou outro. O ideal é concentrar em duas ou no máximo três opções (proteína e um ou dois acompanhamentos, por exemplo). Preparações com muito molho também são complicadas, visto que nem sempre quem se serve tem tamanha habilidade.

Depois de montadas as travessas, o garçom as leva para o salão, munido de talheres de serviço, que geralmente variam entre garfos, colheres, pegadores ou conchas, e que devem ser de fácil manuseio, além de não muito pesados. Para garantir que nenhum acidente aconteça, o garçom pode ter entre a travessa e sua mão, um guardanapo de pano, evitando que se queime ou para alguma emergência, como um derramamento. O garçom, ao chegar à mesa, polidamente apresenta o prato que será servido. Em seguida, deve então aproximar-se do primeiro cliente, respeitando o protocolo de serviço (sempre dar prioridade no serviço a pessoas mais velhas e mulheres, e depois seguir com os homens e mais jovens), pelo lado esquerdo, e inclinar-se até uma altura que propicie conforto a quem irá se servir. Segurando a travessa com os talheres voltados para o cliente, o garçom aguarda até que o comensal coloque os alimentos em seu prato e, ao dar-se por satisfeito, devolva os talheres na travessa. Aí então o garçom deverá seguir para o próximo cliente. Obviamente, quando houver a troca de alimentos (entrada, prato principal e sobremesa), o garçom deve, antes de iniciar o serviço, realizar a troca do prato.

À INGLESA

Do ponto de vista do cliente, esta é, sem dúvida, a modalidade mais confortável, haja vista que não há necessidade de que ele participe durante o serviço; a brigada é quem terá de se desdobrar. No serviço à inglesa, há duas versões: direto e indireto.

No serviço direto, da mesma forma que no serviço à francesa, as travessas são montadas na cozinha e guardam-se as mesmas recomendações. Depois dessa etapa, o garçom aproxima-se do cliente pelo lado esquerdo e, munido de garfo ou colher – duas colheres ou dois garfos –, formará um alicate com eles. Controlando a força entre os talheres com os dedos, ele retira os alimentos da travessa e monta o prato do cliente. Nesta modalidade, é importante que o garçom tenha muita habilidade para manipular os talheres e bom senso na montagem do prato, considerando uma quantificação coerente, que poderá ser sinalizada pelo cliente para maior ou menor e, além disso, é importante não sobrepor os alimentos ou inundar o prato com molho em excesso. Essa equipe precisa, com toda certeza, ser direcionada e orientada pela cozinha sobre as montagens dos pratos.

Já no serviço indireto, o garçom também é responsável pela montagem do prato do cliente, com a diferença de que, nesta modalidade, depois de retirar as travessas de alimentos da cozinha, elas serão dispostas em carrinhos de serviço, chamados guéridon. Então o garçom, com seu mise en place montado, aproxima-se da mesa do cliente e realiza a montagem do prato, para então entregá-lo ao cliente pela esquerda. Nesta opção, ele pode ter os pratos em seu carrinho para montá-los ou usar o prato que está à frente do cliente. As recomendações para montagem são as mesmas no serviço direto.

No serviço à inglesa, também deve-se levar em consideração o fator tempo. Por isso, novamente, essa modalidade pode ser praticada mais facilmente em eventos. Contudo, há versões remodeladas e simplificadas do serviço à inglesa sendo adotadas em locais diversos, como nas pizzarias e nas churrascarias.

EMPRATADO

Sem dúvida essa modalidade é uma das mais praticadas atualmente. Seu mise en place para o serviço é mais simples, contando apenas com os talheres e copos colocados à mesa, e sua execução é viabilizada por uma brigada menor.

Neste serviço, os pratos são montados na cozinha, individualmente, ou seja, a porção colocada naquele prato é suficiente para alimentar uma única pessoa, aquela que escolheu o prato. Geralmente, nesta situação, o serviço baseia-se na oferta de um menu, composto essencialmente por entrada, prato principal e sobremesa. A atribuição do garçom é a de retirar os pratos da cozinha e servi-los aos clientes. Os pratos devem ser manipulados com cuidado, por conta da montagem e decoração, e nunca se deve usar o dedão para segurá-lo. A "pega" correta é feita pela lateral do prato apoiada nos quatro dedos. Apesar de dar mais dinamismo ao serviço, tem-se de levar em consideração a quantidade de pratos levados por uma única pessoa, para não sobrecarregá-la ou colocar em risco qualquer movimento. O indicado é que cada garçom leve na mão apenas três pratos, quantidade que pode ser aumentada caso se faça uso de bandejas, que precisam ser antiderrapantes. Os pratos devem ser servidos pela direita, e o garçom, nesta etapa, deve ter a habilidade de não invadir fisicamente o "território" do cliente, atravessando o braço ou debruçando-se em demasia. A questão levantada aqui é a operacionalização do serviço quanto ao dimensionamento do espaço, visto que para a produção dentro da cozinha é necessário dimensionamento compatível com o número de pessoas a serem servidas simultaneamente. Cada dia mais restaurantes têm aderido ao formato empratado, tendo em vista os benefícios que se geram como resultado da simplificação da entrega do produto.

BUFFET/SELF-SERVICE

Este tipo de serviço foi incorporado ao hábito do brasileiro de forma massiva. No setor de eventos, talvez seja o formato mais utilizado, tendo em vista sua simplicidade em operar, além de contar muito com a ação do próprio comensal. Nesta modalidade, os alimentos são dispostos em mesas ou buffets e os clientes se servem. Em alguns restaurantes, é preciso considerar que o cliente se servirá não só dos alimentos, mas também das bebidas, assim o serviço restringe-se apenas à recolha de utensílios nas mesas. Em outros estabelecimentos, o cliente se serve do buffet, mas cabe à equipe de serviço se responsabilizar pelas bebidas. Para as mesas de serviço (nas quais os clientes ficam acomodados), podem ser pensadas montagens diversas, contemplando ou não os pratos, talheres e copos que serão usados nessa refeição. Tudo depende da proposição e da necessidade daquele ambiente ou serviço.

Na montagem de um buffet, pode-se ainda considerar um profissional que se responsabilizará pela reposição de alimentos, bebidas e utensílios. Contudo, esta é a modalidade que requer menor contratação e menor habilidade dessa equipe, por isso também é muito adotada no Brasil.

À AMERICANA

A característica mais marcante do serviço à americana talvez seja a dispensa da estrutura formal para refeição, com mesa e tudo mais. Nesta configuração, o cliente serve-se do buffet, em que já estão alocados os alimentos e talheres, porém acomoda-se em locais diversos, muitas vezes usando as próprias pernas como apoio para o prato. As bebidas podem ser entregues aos clientes pela brigada de serviço ou também ser disponibilizada como autosserviço. Obviamente, sua informalidade se adequa muito melhor a eventos, principalmente em âmbito doméstico.

FRANCO-AMERICANA

Uma fusão das tipologias francesa e americana. Neste serviço, geralmente também são considerados três tempos (entrada, prato principal e sobremesa), que podem ser divididos em serviço à mesa e buffet. Por exemplo, as entradas podem ser servidas à mesa (já empratadas ou montadas na frente do cliente), as preparações principais podem estar dispostas em buffets, nos quais os comensais se servem, e a sobremesa pode ser servida à mesa, novamente. A ordem dos tempos se mantém, independentemente do formato aplicado a cada uma delas. Neste caso, o cuidado maior está na montagem do mise en place, que conversa com o padrão definido.

VOLANTE

Comumente adotada em eventos, é a modalidade mais indicada para um curto espaço de tempo e consumo restrito de alimentos e bebidas. Aqui os garçons, munidos de bandejas montadas com canapés, finger foods ou comidinhas, circulam pelo salão servindo esses aperitivos aos clientes. As bebidas são oferecidas em copos já dosados ou com jarras, garrafas e taças sendo levadas à mão pela brigada. Para que o fluxo deste serviço seja respeitado, é importante que a equipe se disperse pelo salão, a fim de atender a um maior número de pessoas. Outra questão é que a brigada deve estar sempre abastecida de guardanapos, a fim de facilitar a retirada do alimento ou bebida da bandeja pelo cliente.

TRAVESSA SOBRE A MESA

Neste tipo de serviço, os alimentos são montados em travessas em quantidades que geralmente servem duas ou mais pessoas. A função do garçom é, basicamente, levar as travessas, apresentar os alimentos e, em alguns casos, fazer o primeiro atendimento, montando os alimentos nos pratos dos clientes. O que difere, nesta modalidade, é que as travessas são deixadas na própria mesa do comensal, o que possibilita que ele se sirva de novo, sem depender do garçom, necessariamente. Esta tipologia no Brasil é muito comum em restaurantes de praia ou em casas mais conservadoras, com pratos fartos e público variado.

À RUSSA

O serviço à russa tornou-se muito difícil de ser encontrado no Brasil por conta de sua complexidade. Neste serviço, são apresentadas aos clientes peças inteiras de carnes ou aves e o profissional, que neste caso pode ser o maître, o garçom ou mesmo o chef ou o cozinheiro, realiza o corte ou trincha o alimento para servi-lo. Como todo esse procedimento é realizado em frente ao cliente, é necessário que o profissional atenda a algumas técnicas no momento do cortar, a fim de não estragar, ou mais, perder características importantes dos alimentos. Por fim, este é também um serviço que demanda tempo, uma vez que ainda tem de se contar com a interação entre o comensal e o profissional.

Serviço de bebidas

Definir o que se enquadra como serviço de bebidas pode muitas vezes passar pelo aspecto "preparo" de bebidas, pois há uma temperatura de serviço ideal, taças e copos próprios para cada bebida, bem como alguns acessórios necessários, dependendo de suas características, além de uma série de regras e rituais. Todas essas minúcias são importantes para valorizar a experiência do cliente, por meio de um serviço que realça características sensoriais das bebidas. Entretanto, com tanta informação, o importante é ter bom senso e entender os porquês, de forma que se possa tomar decisões e propor adequações, sem prejudicar a operação. Um detalhamento mais profundo sobre o serviço de diferentes bebidas será abordado no capítulo 4, quando forem elencadas as particularidades de cada uma.

Cardápios e cartas: ferramentas de vendas e comunicação

Instrumento de orientação, vendas e comunicação em um estabelecimento de alimentos e bebidas, o cardápio assume funções diferentes em cada setor. Porém, vale ressaltar que a maioria das decisões tomadas a respeito da operação tem como base os cardápios e as cartas de bebidas. Olhar cuidadosamente para cada produção e entender sua demanda é o que direciona o local.

O cardápio e a carta são a materialização das intenções. Tudo aquilo que deverá ser dito aos clientes, ali está. Até decisões simples, como qual talher será usado, são baseadas nas preparações que serão servidas.

O cardápio e a carta são recursos que vão garantir o ciclo de comunicação do salão com a cozinha e o bar. É necessário, portanto, assegurar que a caligrafia e a descrição dos pratos e bebidas – quando elas integrarem o cardápio, não a carta e a precificação –, sejam feitas de forma clara e conexa, a fim de facilitar a venda e a efetivação do pedido do cliente, de acordo com suas expectativas.

Também são uma ferramenta de controle para o cliente, que permite monitorar se o pedido foi entregue conforme descrito e cobrado o preço indicado. Logo, tais instrumentos têm função ativa no desenrolar da operação, embora muitas vezes o que se vê são cardápios e cartas sem muitos cuidados. Quando bem elaborados, garantem menores custos e maior rentabilidade ao negócio, justificando a importância da participação do supervisor na construção ou reformulação de cardápios e cartas. Ele é quem pode trazer o olhar atento das necessidades do serviço para esta ou aquela produção. É ele também que tem maior contato com o público e suas expectativas.

Na maioria das vezes, esse olhar direcionado exige que decisões sejam tomadas de forma mais estratégica, mirando no aumento de vendas e de produtividade, mesmo que, para isso, pratos tão queridos pelos chefs sejam retirados do cardápio.

Quanto à composição e ordem dos itens, há muitas divergências, inclusive em bibliografia. Não há uma regra que afirme ser este ou aquele formato o melhor em termos de vendas ou de preferência do público. O que se encontra no mercado são as mais variadas formas de apresentação, de escrita e de disposição de itens em cardápios, que variam de formato e de material – pode-se, inclusive, optar por itens tecnológicos.

A seguir, listamos algumas apreciações que podem ser feitas na execução ou na reformulação de um cardápio ou carta como instrumento físico de trabalho, tendo como foco os itens: público, capacidade, serviço, estrutura e qualificação. Não foram consideradas as premissas de composição de itens (pratos ou bebidas), que são de responsabilidade do chef de cozinha e do chefe de bar.

FORMATO

Cardápios em papel de maior ou menor gramatura, em plástico, com capa, sem capa ou digital: a decisão sobre o formato deve ser tomada considerando o quesito *identidade*, ou seja, a forma como o cardápio é apresentado ao público deve convergir com a proposta de imagem e de *status* que o estabelecimento quer transmitir ao público. Por exemplo, locais mais requintados tendem a optar por cardápios ou cartas maiores, com impressões em papel de gramatura maior, e muitas vezes com capa em couro ou madeira.

Já espaços mais descolados podem contar com cartas ou cardápios mais inusitados, que são trocados regularmente ou até descartáveis, sendo impressos nos jogos americanos. Além disso, uma premissa para decisão do formato também é o custo. Quanto mais rebuscado, ou quanto mais fizer uso de itens exclusivos e personalizados, mais caros serão para adequação e manutenção. Essas adequações e reimpressões, além de gerarem custos, impactam na imagem que os clientes fazem da casa, portanto não devem ser rotineiras, e sim planejadas e feitas em momentos estratégicos. Já a manutenção e a limpeza devem ser diárias, sendo, portanto, um quesito a ser considerado na escolha do material.

As alterações de cardápio podem ser realizadas por estação (inverno e verão), quando houver necessidade de alteração de preço ou itens a serem revistos, por descontinuidade de oferta de um produto o qual a compra já não está acessível ou pelo entendimento da casa da necessidade de fazê-las. Contudo, não é indicado que as alterações sejam muito frequentes, mesmo sabendo da dificuldade de manter preços atualizados e compatíveis com o custo, uma vez que o cliente se habitua àquele cardápio e perceberá as alterações, que nem sempre serão vistas de forma positiva. A inconstância na operação pode ser entendida pelo cliente como falta de gestão ou desconsideração quanto à opinião do cliente.

Em fast-foods, lanchonetes, cafeterias e outros estabelecimentos com autosserviço, geralmente são adotados cardápios coloridos, impressos em formato de listas, de baixo custo e plastificados, para facilitar a limpeza. Outra alternativa são os menu boards, que são painéis suspensos com informações de promoções, fotos dos pratos ou mesmo dos itens do cardápio. Podem ser placas adesivadas ou telas em que são passadas informações por meio digital, forma mais rápida para a troca de informações.

Outro formato que tem tomado espaço no mercado são os tablets ou máquinas de autoatendimento. Nem sempre esse formato é o mais indicado, remetendo novamente à questão do perfil de público. Mas, apesar do alto custo de implantação, seu alto valor se justifica na facilidade de manutenção e renovação de informação. O ponto central quanto à decisão sobre qual o melhor tipo de cardápio está intimamente ligado às rotinas e especificidades de cada casa.

ESCRITA

A letra escolhida deve ser de fácil leitura e entendimento, bem como o seu tamanho. Lembre-se de que o cardápio ou a carta é um dos principais canais de comunicação com o público, portanto, escolher cores que se contrastam e fontes comuns podem viabilizar esse canal.

Em relação à ordem de apresentação dos itens, é muito usual que os estabelecimentos a definam de modo que os itens apareçam conforme a necessidade da casa ou a expectativa de vendas.

Por exemplo, em algumas pizzarias, mesmo tendo em seus cardápios itens como saladas, pratos à base de carnes ou outras massas, é comum encontrarmos as páginas iniciais dando destaque às pizzas, entendendo que esse é o apelo de venda daquele local. Já em restaurantes mais formais e na hotelaria, a sequência é mais parecida com a proposta da ordem lógica da refeição, e dependendo da modalidade de serviço: entrada, prato principal e sobremesa.

No que se refere ao conteúdo informado pelo texto, é de suma importância que a descrição seja fiel ao que se entrega. Criar textos e nomenclaturas bonitas, mas entregar produtos muito simples pode frustrar os clientes. Por exemplo, se um buffet denominar um item servido regularmente em festas como "gotas douradas" e servir apenas bolinhas de queijo, irá gerar frustração. Ou seja, é preciso ter cuidado com a descrição, que não deve ser muito longa para não desanimar o comensal a continuar a leitura, nem tão sucinta a ponto de não expressar o que será servido. O ideal é que a descrição seja assertiva:

Salada Verão

MIX DE FOLHAS VERDES, CENOURA E BETERRABA RALADAS ACOMPANHADO DE MOLHO DE MOSTARDA.

Alguns estabelecimentos optam por usar adjetivos para agregar valor às preparações, podendo inclusive fazer menção a regiões geográficas e até referências aos produtores:

Salada Verão

MIX DE FOLHAS **VERDES DA HORTA** COM **CENOURAS CROCANTES** E BETERRABA **FINAMENTE RALADAS**, ACOMPANHADO DE MOLHO DE MOSTARDA DE **DIJON**.

Não há uma ideia de quanto isso impacta na decisão do cliente. Obviamente, termos como *macia, suculenta ou crocante*, por exemplo, criam uma expectativa no cliente que deverá ser cumprida. Ao mesmo tempo, termos como *deliciosa* devem ser evitados, tendo em vista sua subjetividade.

Outra informação que aparece no cardápio/carta e é de vital importância para a cozinha e o bar é a quantificação (dimensionamento) de itens. Em algumas preparações, a quantidade é expressa em unidades (ex.: 12 unidades de bolinho de bacalhau); já em outras, por gramatura (ex.: hambúrguer de 200 g); ou, no caso do bar, a litragem (ex.: chopp de 300 mℓ). Há, ainda, cardápios que indicam com quais bebidas determinadas preparações harmonizam, ou mais: incluem um breve descritivo sobre as características das bebidas.

Quanto à distribuição do texto e da precificação, também não há um consenso, podendo ser linear, central ou distribuída conforme o entendimento de cada local, de acordo com a necessidade e levando em consideração o *design*:

Salada Verão

MIX DE FOLHAS VERDES, CENOURA E
BETERRABA RALADAS ACOMPANHADAS
DE MOLHO DE MOSTARDA............................. **Rs25,00**

Salada Verão

MIX DE FOLHAS VERDES, CENOURA E BETERRABA RALADAS
ACOMPANHADO DE MOLHO DE MOSTARDA
Rs25,00

Salada Verão

MIX DE FOLHAS VERDES,
CENOURA E BETERRABA RALADAS
ACOMPANHADO DE MOLHO DE MOSTARDA **Rs25,00**

ILUSTRAÇÃO

Ilustrações e fotos podem favorecer as vendas, dependendo da situação. É comum ouvirmos na operação a frase: "Quero aquele da foto!". Contudo, é importante ressaltar a necessidade do cuidado com as imagens que são usadas. A frase "imagem meramente ilustrativa" pode resguardar legalmente o empreendimento, porém não assegura a relação com o cliente. Portanto, fotos ou ilustrações devem refletir o máximo possível a realidade do item que será entregue ao cliente.

Em estabelecimentos que não têm cardápio fixo, existem outras alternativas de comunicação, como nos buffets, por exemplo, nos quais os pratos podem ser identificados um a um, o que é aconselhável, pois agiliza o tempo do cliente em se servir (do contrário, sempre haverá alguém querendo perguntar o que é um determinado prato e segurando a fila toda) ou uma impressão colocada antes do início da disposição dos pratos. Em estabelecimentos com conceito mais intimista ou simples, encontramos alternativas despojadas e ágeis para essa comunicação, como lousas que são colocadas na porta, informando o prato do dia ou alguma especialidade da casa (caso dos bistrôs e table d'hôte). Nos mais descolados, as tradicionais lousas se transformam em paredes grafitadas com giz colorido, trazendo, além das informações, uma decoração personalizada e que conversa diretamente com o público.

Alguns locais não mais utilizam o cardápio impresso, e a comunicação é feita pelo próprio garçom ou atendente, no momento do serviço. Não há problemas nisso, desde que a equipe esteja treinada e capacitada a prestar a informação necessária e segura ao cliente. O que se deve ter muita clareza é sobre o quão importante é termos uma comunicação assertiva e segura com o cliente. O formato, o tipo ou as escolhas feitas no cardápio e na carta refletirão diretamente na satisfação dos clientes quanto às expectativas criadas. São os detalhes que importam aqui. Por exemplo, um cardápio que cause algum desconforto já é motivo para uma compra não segura, podendo gerar, por consequência, frustração com o todo. Um cliente nunca perceberá que sua insatisfação surgiu porque ele precisou da lanterna do celular para conseguir ler o cardápio, uma vez que a cor e as letras escolhidas não condiziam com a iluminação, mas remeterá à sua experiência na totalidade, ou seja, a frase "Não gostei muito de lá" aparecerá na conversa com amigos, gerando negatividade.

Essa é, sem dúvida, a principal função do supervisor: dar atenção aos detalhes. E não seria diferente em relação ao cardápio, pois é sua participação sendo trazida como mediador, visto o contato mais aproximado desse profissional com a brigada de serviço e, principalmente, com os clientes. Os elementos descritos há pouco, relacionados ao cardápio, são igualmente válidos para as cartas de bebidas. Dependendo da tipologia e dos conceitos do estabelecimento, poderá ser dado enfoque a determinadas bebidas. Como mencionado, elas podem tanto fazer parte do próprio cardápio de alimentos como ter cartas específicas. Não é incomum encontrar cartas de vinhos, de cervejas, de cachaças, de coquetéis, de saquês, de chás, de cafés ou simplesmente de bebidas.

Etapas do serviço: recepção, vendas, comanda e conta

Pode-se dizer que o serviço se divide em cinco grandes etapas:

- ☐ recepcionar;
- ☐ vender;
- ☐ comandar;
- ☐ atender;
- ☐ cobrar.

Essa lista poderá conter uma série infindável de etapas, considerando estratégias infinitas, porém o intuito aqui é contar como o supervisor olha para esses recortes em congruência com a sua atuação. É explanar o fazer para gerar o entendimento do gerir, ou seja, é por meio do conhecimento dessas tarefas que ele conduzirá sua equipe.

RECEPÇÃO

Em algumas casas há um local específico onde os clientes são recebidos e têm um primeiro contato com o serviço, podendo ser chamado de lounge ou recepção. Neste local, pode-se ou não ter a oferta de produtos, mas comumente são oferecidas apenas bebidas. Também pode existir um profissional específico para cuidar dos clientes nesse primeiro contato, chamado de hostess ou de recepcionista, que se encarregará de repassar as primeiras informações sobre o local e seu funcionamento, bem como de apresentar o garçom que será responsável pelo atendimento daquela mesa ou grupo. Quando não há necessidade dessa formalidade, os clientes são recebidos pelo garçom ou maître, que os conduzirá até o melhor local para atendê-los (na mesa, no balcão ou em outro local).

Depois dessa etapa, o indicado é que o profissional se apresente e explique quem ficará responsável pelo atendimento dali em diante. No caso do maître, ele se apresenta e indica quem é o garçom que cuidará da mesa. Se o garçom já tiver feito alguma aproximação, o maître cumprimenta os convidados, apresentando-se e também apresentando o cumim, quando for o caso. A intervenção do maître nessa etapa pode trazer maior confiança ao cliente. Em geral, o consumidor entende que, quando há uma figura de liderança cuidando da situação, há mais qualidade no serviço, e o cliente se sente mais amparado.

VENDAS

A grande discussão de quem vem antes, o ovo ou a galinha, se dá nesta etapa também. A venda pode ser entendida como consequência de um bom serviço prestado, ou seja, a brigada, supervisionada pelo maître, tem tamanha capacidade de leitura de seus clientes que os conduz a eleger no cardápio e na carta aquilo que esperam, sendo a venda apenas fruto de um serviço realizado. Mas a venda também pode ser entendida como o cerne da questão, sendo então o serviço desdobrado em função de uma venda.

Não há como fazer uma distinção clara de onde começa uma venda e de onde inicia o serviço. Já vimos que o serviço é intangível e transversal ao contato com o cliente; sendo assim, podemos entender que ambos caminham juntos. Uma crença comum nos restaurantes em geral é a de que o garçom é um vendedor. Mas a venda não se concretiza somente por meio deste profissional. Quando o cliente, por exemplo, faz uma busca em seu celular para definir onde gostaria de ir, ali começa a venda.

Entretanto é oportuno dizer que, hoje, o mercado tem investido mais em profissionais qualificados que possam subsidiar informações relevantes a seus clientes do que em treinamentos de vendas propriamente, e é o maître ou o supervisor quem irá conduzir o "tom" da aplicação dessas técnicas nesse jogo. O ideal é que, mais do que vender, se proporcione uma experiência ao cliente que entra em um restaurante ou bar – é por isso que ele paga, e não mais por um produto, apenas. Por essa razão, todo o mercado usa cada vez mais o termo *serviço*, em vez de *vendas*. Isso não quer dizer que o foco não seja vender, mas sim que o caminho a se percorrer para concretizá-las é outro.

COMANDA E CONTA

Pode-se definir a comanda como o registro da comunicação do cliente com a casa. Ou seja, são as anotações da equipe de serviço quanto ao pedido do cliente de itens do bar ou da cozinha. Para a cozinha e o bar, é o instrumento que norteia a produção no momento do serviço, ordenando a sequência de produção e a definição do item a ser produzido, conforme o desejo do cliente.

Do ponto de vista da cozinha em relação à atuação do supervisor, é importante salientar que as comandas são a formalização da comunicação, principalmente em casos específicos, nos quais há necessidade de alteração de algum item ou algum pedido especial que requer mais atenção.

Também são usadas como controle de tempo, isto é, são o norteador da cozinha e do bar quanto ao prazo de entrega do pedido, impactando diretamente na atuação da brigada. Além disso, servem para identificar quem da equipe de serviço está responsável por um determinado pedido, em caso de dúvidas ou necessidade de rever algo, quer seja com o garçom, quer seja com o próprio cliente.

Sendo assim, a comanda, sob a perspectiva dos outros setores que são direta ou indiretamente ligados ao servir, deve conter os seguintes campos preenchidos, de forma clara:

- [ ] nome do garçom, atendente ou de quem realizou o atendimento ao cliente;
- [ ] mesa ou número da comanda;
- [ ] horário do pedido;
- [ ] descrição do pedido ou, em alguns casos, o número do item, conforme descrito em cardápio;
- [ ] observações quanto a alterações ou solicitações dos clientes, como ponto de carnes, temperos, porcionamento, etc.;
- [ ] posição dos comensais à mesa para direcionamento da entrega dos pratos;
- [ ] sinalização de precedência.

As comandas podem ser guardadas pela cozinha e pelo bar no intuito de uma possível necessidade de conferência, e em alguns estabelecimentos com sistema há a possibilidade de reimpressão.

PEDIDOS ESPECIAIS

Todos os dias na operação de alimentos e bebidas ouve-se a frase: "Posso trocar?".

Apesar de ser uma pergunta tão simples, ela tem um desdobramento muito complexo. Em algumas operações, como nos fast-foods, muitas vezes a resposta é negativa, restringida apenas às bebidas ou à retirada de produtos de algum prato, sem que a substituição seja possível. Já em outros locais, nem sua retirada é possível, visto que talvez aquele prato ou drink não faça sentido sem o item dispensado pelo cliente. Em algumas operações, todos os pedidos são acatados. Não há aqui regra que possa ser definida. Essa é uma consideração a ser feita visto a característica de cada negócio, e mais, de cada pedido feito.

Obviamente, para a operação, as trocas sempre terão consequências. Quando uma bebida ou prato é pensado, além da composição de sabores que está impressa ali, há também o fator custo, medido em relação àquela proporção. Quando há uma alteração, há a relação direta com o quanto se gasta naquela nova versão, que não poderá ser repassada ao cliente, visto que o preço já foi informado no cardápio. Por essa razão, algumas casas usam o artifício de itens que podem ser incluídos no seu prato e cobrados à parte.

A questão maior nisso tudo é, além de atender o cliente, entender quais são as possíveis consequências disso, do ponto de vista de gestão e operação, uma vez que a cozinha e o bar serão mobilizados. Outro ponto que também é lembrado aqui é a questão das restrições alimentares, que nos rondam cada vez mais nos dias dia hoje. Glúten, lactose, ovo, amendoins e castanhas, peixes ou frutos do mar, corantes e tantos outros são fonte de perigo para algumas pessoas.

Ainda não há no Brasil uma lei que regulamente a comunicação da oferta de restaurantes e bares nesse quesito, diferentemente de quem comercializa alimentos no varejo. Nessa circunstância, normalmente a pessoa que é acometida dessa necessidade já tem por hábito questionar antes quais os itens que compõem determinado prato ou bebida.

Quanto à equipe de serviço, a não ser que seja uma informação muito óbvia, a orientação é de que se deve pedir licença ao cliente, explicando que confirmará na cozinha ou no bar se é possível adicionar ou não um determinado alimento, e somente depois dessa informação é que ele deve orientar o cliente. Não é recomendado que o garçom, atendente ou mesmo o maître façam suposições nessa situação. Algumas alergias e intolerâncias alimentares são tão sérias que podem levar o indivíduo a um quadro emergencial ou até a morte, em casos extremos.

Quanto ao que pode ou não estar "contaminado" por esses alimentos alergênicos na cozinha, é de responsabilidade do nutricionista, do chef, de sua equipe e de outros profissionais que possam ser determinados, com base em informações seguras.

ORDEM DE PRECEDÊNCIA

É chamada de precedência a ordem seguida para respeitar uma hierarquia no serviço, ou seja, a regra que se estabelece para servir as pessoas quando estão em grupos mistos. A precedência do ponto de vista de eventos no Brasil é devidamente regulamentada por um decreto que estabelece as ordens hierárquicas de composição de mesas e de situações em eventos solenes.

Contudo, no serviço de alimentos e bebidas não há uma formalização ou regulamentação, mas o bom senso que deve ser levado em consideração para que os procedimentos sejam executados, considerando ao menos as seguintes situações:

- pessoas com mais idade sempre serão prioritárias no atendimento em detrimento aos mais jovens;
- as mulheres têm sua vez antecipada em relação aos homens. Nesse ponto, as mulheres com mais idade são servidas antes das mais jovens;
- as crianças podem ser servidas antes dos adultos. O que do ponto de vista do serviço é até mais fácil, visto que muitas vezes as crianças ainda dependem dos adultos para auxiliá-las ou até alimentá-las.

O supervisor e seu papel no serviço

Os profissionais que atuam como supervisores de serviços de alimentos e bebidas precisam ter clareza de que esse mercado tem suas singularidades e que, muitas vezes, não há um recorte absoluto das funções desempenhadas por quem ocupa esse cargo. Por mais que se tente desenhar um escopo de trabalho, a realidade é que frequentemente acontecem intervenções, internas ou externas, que mudam a rota do "fazer" de cada dia. A postura, o comportamento e as ações do supervisor serão exemplares para a equipe, por isso, é certo que mesmo tendo um cargo estratégico, ele deverá realizar tarefas mais simples, a fim de demonstrar como as coisas devem ser feitas. Assim, é fundamental que conheça as etapas e os detalhes dos serviços, conforme descritos neste capítulo.

Flexibilidade e adaptabilidade também são características fundamentais para o supervisor de A&B, já que muitas vezes os próprios clientes quebram paradigmas de etiqueta ou de formalidade, tratando os profissionais com menor distanciamento ou mesmo participando do serviço. Pode-se dizer que não são mais as regras que definem o serviço, e sim uma série de fatores que contribuem para criar formatos customizados a cada caso, que vão ao encontro de todas as expectativas que o cliente tem ao pensar em ser servido. Quebrou-se o arquétipo de que o serviço só pode ser realizado impecavelmente por luvas brancas.

Além disso, é preciso considerar como a tecnologia influencia a prestação de serviços e, consequentemente, o papel do supervisor. Neste exato momento, algo é criado para facilitar, intermediar ou viabilizar a interação entre a tecnologia e o ser humano. Não seria diferente com os assuntos ligados à alimentação. Um clássico exemplo de como o serviço mudou por conta da tecnologia pode ser o uso de aplicativos para deliveries. Antes, existia uma grande preocupação em como o atendente, por telefone, podia prestar informações da melhor maneira possível. Hoje, a preocupação é estar nos melhores aplicativos, ter um site e/ou uma *fan page* atualizados e confiáveis na execução de uma venda, e principalmente quanto à simplificação da comunicação. A questão agora é monitorar as informações geradas por esses aplicativos para melhorar a prestação de serviços *on-line* e presencial.

Outro exemplo de como a tecnologia impacta no serviço são os terminais de autoatendimento ou tablets, substituindo cardápios em restaurantes e bares. A estratégia deverá considerar a modalidade de serviço e o público-alvo para dar certo. Restaurantes do tipo fast-food ou bares com um público-alvo jovem podem até ter maior aderência com esse tipo de tecnologia, visto que, por característica, essa faixa da população tem uma interação muito grande com o mundo tecnológico. Porém, olhando para um público consumidor mais tradicionalista e que passou uma vida reconhecendo essa relação humano × humano como parte do serviço, não será facilmente aceito que o pedido seja simplesmente demandado por uma máquina. Nessas situações, a tecnologia pode ser um suporte a quem executa, não o intermediador do processo.

O supervisor é o elo entre o estabelecimento, seus colaboradores e o público. Ele vai inevitavelmente ter de mediar situações as quais foram criadas por conta da interação do negócio com a tecnologia, quer seja um sistema que não funcionou e atrasou a entrega de um prato, quer seja uma reclamação em redes sociais sobre sua equipe, serviço ou qualquer outro ponto. As faces da tecnologia diante dos serviços são infinitas. Cabe a cada estabelecimento dizer se será tão tecnológico ao ponto de os pratos serem entregues por robôs, como acontece em alguns restaurantes na China hoje, dispensando garçons, ou apenas como forma de comunicação com o cliente, quando distante do serviço.

Atualmente, é possível encontrar as mais variadas reinvenções do serviço, e o supervisor nesse ambiente assume papéis múltiplos, não limitando seu olhar a apenas um recorte do negócio, mas sim atuando de forma a tornar memorável a experiência do cliente. É a intangibilidade que o serviço carrega na sua essência que o torna notável, não existindo o certo ou errado. A conclusão é que o foco passa ser agregar valor a produtos e serviços por meio de uma entrega diferenciada, mas garantida na qualidade e no zelo pela hospitalidade e bom senso.

CAPÍTULO 4

Gastronomia, alimentos e bebidas: conhecimento para a qualidade na prestação de serviços

O termo *gastronomia* está literalmente na boca de todos, e em todos os sentidos. Há quem interprete a palavra associando-a ao ensino formal, ou seja, a uma titulação acadêmica. Outros têm o olhar no *glamour* e em tudo aquilo que se tornou "gourmet", com produtos, profissionais e serviços que representam tendências e promovem *status* a ser compartilhado. Também pode ser considerada a essência do saber sobre alimentação. E é essa definição que talvez manifeste a verdadeira vocação da gastronomia.

A palavra *gastronomia* foi utilizada pela primeira vez em 1623, mas popularizou-se em 1801, a partir de um poema de Joseph Berchoux, passando a designar "a boa mesa" (Carneiro, 2003, p. 125). A partir daí, inúmeros estudiosos conceituaram o termo. Brillat-Savarin (1995, p. 57), por exemplo, defende que a gastronomia é o conhecimento fundamentado de tudo o que se refere ao homem na medida em que ele se alimenta; seu objetivo é zelar pela conservação dos homens por meio da melhor alimentação possível. Gomensoro (1999, p. 195) diz que gastronomia é "a arte do bem comer e do saber escolher a melhor bebida para acompanhar a refeição".

Levando em consideração a importância histórica, cultural, social, econômica e comercial da gastronomia e da área de alimentação como um todo, o foco deste capítulo é olhar para a relevância do conhecimento dos alimentos e das bebidas para os profissionais que trabalham com a supervisão de serviços de alimentação.

Por meio do conhecimento sobre alimentos e bebidas, será estabelecido o elo entre o supervisor, sua equipe e os comensais. Por exemplo, é de responsabilidade do bartender diariamente realizar o preparo de diferentes coquetéis, mas o supervisor deverá ter uma visão crítica sobre a utilização dos ingredientes nas preparações, sobre a quantidade de doses de bebidas utilizadas, além de se atentar para desperdício. O supervisor deve saber a diferença entre os tipos de cafés, os procedimentos para higienização da máquina, a temperatura ideal do serviço, mas compete ao barista realizar essas atividades diariamente. Pode ainda trabalhar em conjunto com o chef de cozinha, para transmitir as preferências dos clientes, junto aos sommeliers, para contribuir para a elaboração de um evento temático ou propor a harmonização do dia e, claro, constantemente, junto à equipe de salão, para realizar treinamentos cotidianos sobre alimentos e bebidas, visando prestar um serviço de qualidade e gerar uma integração produtiva entre os setores.

Harmonia entre setores: cozinha, bar e salão

Restaurantes e bares têm por objetivo proporcionar, além dos alimentos e bebidas, serviço e retorno financeiro condizentes com seu conceito. Para tanto, todos os departamentos e setores devem ter igual importância e o supervisor deverá olhar para essa operação de forma sistêmica, unida. Sem um ou outro não se tem nada.

Deixados de lado os pudores sobre qual setor tem maior importância, o trabalho executado por uma equipe sincronizada proporciona ao comensal o encantamento que todos esperam ao pensar em um serviço exemplar e em uma experiência a ser revivida. É lógico pensar que sem a cozinha e o bar não há serviço a ser feito, porém é fundamental que, como uma engrenagem, essas relações sejam fluidas, dialogadas e tenham como base um planejamento contínuo. A operação da cozinha e do bar, em geral, não é designada ao supervisor de alimentos e bebidas, porém, sua participação nos processos de gestão da rotina e, principalmente, seu domínio técnico a respeito do que está sendo servido serão testados incansavelmente pelos clientes com seus impensados questionamentos, além da sede de informação de sua equipe.

Portanto, reconhecer a importância da atuação do supervisor no que diz respeito ao impacto que as ações da cozinha e do bar têm no salão é o primeiro passo para elencar os conhecimentos que serão necessários ao seu trabalho. Inegavelmente, quem conduz uma cozinha é o seu chef ou cozinheiro, e o bar, o chefe de bar. São esses profissionais que responderão, entre tantos afazeres, pela elaboração de cardápios, controles de custos, desenvolvimento e controles operacionais, manipulação e segurança dos alimentos e as rotinas de operação diária. O supervisor pode, em determinados momentos, por conta da ausência principalmente do chefe de bar, assumir determinadas tarefas.

A conexão entre os conhecimentos de cozinha e bar necessários para o serviço é muito relevante para a ação do supervisor, não podendo se restringir apenas a solicitações para que algum garçom de sua equipe entregue ao cliente a preparação previamente ordenada. É indispensável que ele tenha domínio do que está sendo servido (como foi feito, o que compõe aquele item) para que possa, inclusive, repassar o servir, a fim de que todas as melhores características daquela preparação sejam expostas.

Outro ponto de semelhança entre cozinha, bar e serviço é que as informações somente chegam a esses setores por conta do atendimento, ou seja, sem o entendimento do quão importante é a parceria e, principalmente, do quanto um setor depende do outro, maiores serão os problemas a serem resolvidos. Assim, justifica-se o conhecimento que o supervisor precisa ter das preparações dos pratos e das bebidas, pois somente dessa maneira ele estará apto para treinar, delegar e cobrar de sua equipe que as informações repassadas no atendimento ao cliente estejam corretas. Obviamente, alguns preparos e ingredientes específicos serão informados pelos chefes de departamento à equipe de serviço; contudo, o conhecimento de algumas preparações mais tradicionais é essencial e necessário para o bom desempenho do supervisor.

Cozinha, comida, comer e servir

A cozinha não pode ser entendida apenas como o local em que os alimentos são preparados. Mais do que isso, pode ser considerada um laboratório, no qual fórmulas são testadas a fim de se encontrar a melhor. São tentativas e erros até que algo dá certo, chegando-se a um prato que proporciona a experiência tão desejada. Logo, não é simples conduzir uma cozinha, nem sempre tudo sai como planejado. Por isso, há uma demanda crescente para profissionais qualificados. Ainda que esse seja um setor com muitos profissionais "práticos", a necessidade de gerenciamento do fazer tem aberto espaço para que cada vez mais profissionais com formação ganhem terreno, trazendo inovação, segurança e confiabilidade nos processos.

Além disso, estar conectado com as últimas tendências tem se mostrado imprescindível aos negócios de alimentação. Contudo, deve se observar qual dentre as tendências é relevante a cada negócio. Não é porque se tem falado em determinado assunto que uma casa deve simplesmente abandonar tudo aquilo que faz e simplesmente começar a seguir um cardápio específico que está "na moda". É necessário ter muito cuidado. Daí a importância da sinergia de informações entre o supervisor, que lida diretamente com o público, e a cozinha, para que se busque um caminho entre tantos que se mostram nos dias de hoje.

Comfort Food: tendência ou necessidade?

Muito tem se falado em tendências de alimentação, das mais restritivas às mais criativas. Mas há alguns anos surgiu um assunto que vem rondando a alimentação das pessoas sem que nem ao menos percebam. A comfort food ou comida confortável – em livre tradução, conceito do qual desdobram os termos *comida afetiva* ou *cozinha afetiva*, por exemplo – apareceu para brigar de frente com uma leva de produções feitas em restaurantes que utilizavam produtos muito processados e que mascaravam o gosto da verdadeira comida. Quando percebido que isso já não agradava mais aos clientes, retomaram-se aquelas receitas antigas, feitas com ingredientes "de verdade" e que dão sabor diferente a pratos e bebidas.

Muitos desses pratos eram feitos pelas avós, mães ou famílias, com um gosto todo especial, mas que se perdeu no tempo pela correria da vida moderna ou pelo simples entendimento de que seu custo poderia ser reduzido, caso substituído por pré-misturas ou temperos prontos. E *voilà:* obteve-se a comida mais sem gosto, sem essência e sem característica de todos os tempos.

De repente, alguns movimentos tímidos começaram a acontecer, buscando retomar as sensações que a comida sempre provocou nas pessoas. Um deleite pessoal, sentido por cada um de forma única. Era essa a parte primordial de uma refeição, a qual se perdeu em meio à industrialização da refeição.

Note, não há nada de errado ou culposo na industrialização, ao contrário: a indústria garante cada vez mais a segurança e a padronização da alimentação, o que é essencial nos dias de hoje, mas essa não precisa ser a única alternativa. Pode-se ter alimentos seguros, garantidos pela indústria e elaborados de forma que provoque uma experiência memorável ao cliente. De forma simplista, a cozinha afetiva ou comfort food prima por trazer, sob forma de comida e bebida, uma sensação confortável que já se teve em algum momento da vida. O melhor exemplo que se pode dar para tentar traduzir isso são os bolos. Sim, um simples bolo.

Há décadas, as residências eram inundadas pelo perfume do bolo de fubá, laranja ou chocolate que eram feitos com ingredientes comuns e que produziam um resultado maravilhoso. É comum lembrar-se de uma tarde deliciosa com um bolo gostoso que a avó havia preparado para alimentar seus netos entre uma brincadeira e outra. Consegue-se, com isso, imprimir uma memória não só situacional, como também gustativa. O bolo era muito bom, mas o carinho que vinha junto era melhor. Pronto! Chegou-se ao ponto!

Anos depois, a sociedade é inundada por milhares de misturas prontas para bolo, sendo necessário apenas adicionar leite para se obter bolos fofos, dourados e docinhos. Na caixa, inclusive a foto lembrava muito a casa da avó onde antes eles eram feitos. E o custo? Muito menor do que comprar farinha, ovos, açúcar, leite, fermento e outras coisas. E estava tudo lá, na caixinha. Porém, com o passar do tempo, percebeu-se que não era igual. Que a sensação que se buscava ali nunca seria encontrada. Eis que então surgem as casas de bolo, que inclusive usam o termo "bolo de avó" como chamariz. E, sim, na maioria delas os bolos eram preparados com ingredientes "de verdade". Quem nunca passou em frente a uma e ficou enfeitiçado pelo cheiro? E foi um fenômeno no Brasil, abriram-se centenas delas. Com nomes, cores, logos e vitrines supersugestivas. Obviamente que, por conta dessa enxurrada de negócios com as mesmas características, muitas delas não se mantiveram.

Contudo, o fator mais importante nesse exemplo é considerar que as pessoas já não querem consumir comida apenas pelo fato de comer, mas sim pela experiência que lhes proporciona, pela marca que vai ser deixada. As padarias que tanto se fizeram valer das pré-misturas sofreram muito com as casas de bolo, pois essa era uma área em que "nadava a braçadas". Esse foi um importante movimento para entender que o consumidor hoje quer algo a mais quando compra comida e bebida.

Restaurantes e bares do mundo todo estão com olhos abertos para isso e repensando não só sua operação, mas também sua relação com os clientes e com o que servem, afinal, a experiência que se busca tem a ver com o ambiente, com a companhia, com a circunstância e muito com o alimento. Aí então fica o questionamento: será essa apenas uma tendência passageira ou algo sobre o que os estabelecimentos estão sendo obrigados a pensar, considerando que o consumidor hoje entende de comida? Não se busca aqui responder a essa questão, mas sim deixar a provocação para que cada supervisor, cada casa e cada equipe reflitam sobre o que buscam os seus clientes e o que lhes cabe proporcionar.

BASES DE COZINHA

São ingredientes, formas de cocção, preparo e apresentação de produções culinárias que compõem cardápios. Serão abordados, neste tópico, os itens com maior relevância nessa construção e que dão ao supervisor uma amplitude de olhar em relação aos itens aplicados em sua operação. Em restaurantes de especialidades, poderão ser encontrados itens específicos daquela culinária, ou até um modo de preparo bastante peculiar. Contudo, tendo o supervisor um conhecimento sobre as principais bases, seu entendimento e até sua contribuição serão facilmente adequados.

A possibilidade de preparos e inovações que podem surgir em uma cozinha é incontável. A criatividade do chef e da sua brigada pode impactar diretamente nos tipos de produção e, por consequência, na necessidade do supervisor em se atualizar constantemente para assim capacitar sua equipe. Ou seja, os itens aqui listados servem apenas para exemplificar a quantidade de produtos/produções que podem conter uma cozinha, a depender de sua característica, temática e atuação profissional da brigada.

Nos tópicos que se seguem, serão elencados alguns itens para subsidiar informações à supervisão, considerando o que é mais comum ao mercado. A infinidade de ingredientes, técnicas e preparos é tamanha que obras como *Passaporte para o sabor: tecnologias para elaboração de cardápios*, do autor Ronaldo Lopes Pontes Barreto referem-se apenas a esse tema e servem como referência para as informações a seguir:

INGREDIENTES

Também chamados de insumos, são a base *in natura* para a preparação de um prato. Para facilitar o entendimento, foram aqui agrupados por sua definição tal como são usados nas descrições dos cardápios, sem a pretensão de um correto agrupamento quanto à sua classificação nutricional, de cultivo, de origem, de função ou de biologia:

Folhas/verduras (considerando ainda as variações e nomenclaturas regionais)

Acelga, agrião, alface, almeirão, cebolinha, couve, couve-de-bruxelas, endívia, escarola, espinafre, jambu, ora-pro-nóbis, radicchio, repolho, rúcula, salsinha, taioba, etc. Podem ser fatiadas finamente ou em espessura mais grossa, mas na maioria das vezes as folhas são servidas inteiras e frescas. Algumas, como a couve ou a taioba, são servidas cozidas; outras servem como tempero para pratos quentes e frios, como é o caso da cebolinha ou salsinha.

Legumes (considerando ainda as variações e nomenclaturas regionais)

Abóbora, abobrinha, alho, aspargo, batata, berinjela, beterraba, brócolis, cebola, couve-flor, cenoura, chuchu, ervilha, feijão, inhame, jiló, mandioca, nabo, palmito, pepino, pimentão, quiabo, rabanete, salsão, tomate, vagem, entre outros. Podem ser picados em cubos ou em bastões de diferentes espessuras, ou até mesmo boleados ou ralados. Alguns somente são consumidos cozidos, como é o caso das batatas e da mandioca, já outros podem ser servidos *in natura*, como a cenoura ou o rabanete.

Frutas (considerando ainda as variações e nomenclaturas regionais)

Abacate, abacaxi, açaí, acerola, ameixa, amora, banana, caju, caqui, carambola, cereja, coco, cupuaçu, figo, goiaba, graviola, groselha, jabuticaba, jaca, kiwi, laranja, lichia, lima, limão, maçã, mamão, manga, maracujá, melancia, melão, morango, nectarina, pera, pêssego, pitanga, romã, tangerina e uva. Algumas frutas precisam ser descascadas para o consumo, já outras são consumidas integralmente. Podem ser servidas inteiras, picadas, fatiadas ou até como base para outras preparações, como no caso do abacate, que pode ser consumido como base ou acompanhamento de pratos salgados.

Cortes

São os formatos dados aos alimentos, a fim de padronizar sua apresentação. Apesar de alguns derivarem da nomenclatura francesa, hoje já se adotam os nomes "abrasileirados" dos cortes. São alguns exemplos: *julienne* (tiras finas), *chiffonade* (fatiar folhas finamente), *batton* (palito). Já para os cubos, os nomes mais comuns são *brunoise*, jardineira e *macedoine*, entre outros.

Especiarias (considerando ainda as variações e nomenclaturas regionais)

Anis-estrelado, erva-doce, canela, coentro, cúrcuma, açafrão, orégano, tomilho, pimenta-do-reino preta e branca, pimentas em geral, noz-moscada, cravo, cardamomo, louro, etc. São inúmeras as possibilidades desses itens para aromatizar e dar sabor a alimentos diversos. As especiarias podem ser consumidas secas, desidratadas ou até *in natura*. Têm grande durabilidade, mas, por terem sabores únicos, demandam mais atenção quanto ao uso.

Sal

Até alguns anos atrás encontrávamos basicamente dois tipos de sal, o sal fino e o sal grosso. Hoje considerados uma tendência, podemos facilmente encontrar na prateleira de qualquer supermercado o sal rosa do Himalaia, o sal negro indiano, o sal negro do Havaí e a flor de sal, entre tantos que surgem todos os dias. O principal apelo de venda desses diferentes tipos é a maior saudabilidade.

Açúcar

Refinado, demerara, light, cristal, confeiteiro, impalpável... são inúmeras as possibilidades. A diferença para as tipologias do açúcar é que a preparação é sim afetada pelo tipo de açúcar que se usa. Caldas e preparos em geral dependem dessa relevância na discriminação de seus usos.

Óleos, gorduras e azeites

Podem ser encontrados com diversas bases e consistências. O nosso objetivo não é apresentar quais os benefícios ou malefícios causados à saúde, mas diferi-los por conta de seu uso em estabelecimentos comerciais. Os mais comuns são:

AZEITE DE OLIVA – em formato líquido. Pode ser virgem ou extravirgem (o de mais alta qualidade entre todos os tipos de azeite, sem defeitos sensoriais). Usado para algumas preparações quentes, porém é utilizado mais regularmente frio, para a finalização de pratos. (Brasil, 2012a)

AZEITE DE DENDÊ – líquido. Usado para o preparo de pratos tradicionais das regiões do Norte e Nordeste do Brasil, tanto no preparo como meio de fritura.

ÓLEO DE SOJA, CANOLA, ALGODÃO, GIRASSOL, MILHO, COCO, GERGELIM E AMENDOIM – são líquidos e geralmente usados no preparo dos alimentos. Com exceção do coco, do gergelim e do amendoim, todos têm sabor neutro e não conferem paladar aos alimentos, apenas ajudam a realçar seu sabor.

MANTEIGA – em formato pastoso, é produzida à base da gordura do leite, portanto é feita de uma gordura de origem animal. Tem sabor acentuado e pode ser usada tanto no preparo de alimentos como consumida em seu estado natural, com pães e entradas simples. Suas variações, como manteiga de garrafa ou gee, são derivadas da retirada do teor lácteo da manteiga, ou seja, por um processo de fervura, o leite da manteiga é retirado e apenas a gordura permanece. Essas manteigas são geralmente usadas em dietas ou em preparações específicas.

GORDURA VEGETAL HIDROGENADA – pastosa, é facilmente utilizada por restaurantes como meio de fritura, principalmente por seu baixo custo. Sua base são óleos e gorduras vegetais ricos em ácidos graxos, processados física e quimicamente. As consequências de seu consumo ainda estão sendo estudadas, mas já se fala em danos à saúde quando consumidas continuamente e em grandes proporções.

MARGARINA – pastosa e de base vegetal, com adição de leite e sal. Normalmente substitui a manteiga, por conta de seu custo menor. Nas preparações, é pouco percebida sua diferença, mas para o consumo final, acompanhando pães e torradas, por exemplo, tem-se uma diferença grande de paladar.

AZEITES DE OLIVA EXTRAVIRGENS

Por muito tempo, o consumidor brasileiro só tinha acesso a azeites europeus, especialmente portugueses, espanhóis e gregos, e um pouco mais recentemente, a azeites argentinos, chilenos e uruguaios. Porém, o Brasil hoje já colhe os frutos de um investimento no plantio de olivais, principalmente no Rio Grande do Sul, Minas Gerais e São Paulo.

Diferentemente do que a maioria das pessoas pensam, as azeitonas não se resumem a pretas ou verdes. Essa coloração se refere à maturação da oliva. Existem centenas de cultivares de olivas que produzem azeites, como a arbequina, a coratina, a cornicabra, a galega, a grappolo, a frantoio, a hojiblanca, a koroneiki, a picholine, a picual e muitas outras. Cada uma adapta-se a um terroir (clima, solo, plantio do olival) particular e transmite diferentes características ao óleo, podendo inclusive ser misturadas (blend), para que o produto final tenha as características desejadas.

As principais características sensoriais dos azeites de qualidade são as notas frutadas, o amargor e a picância. Dependendo do cultivar e do processo de produção, podem revelar notas de maçã verde, alcachofra, tomate, amêndoa, castanha, ervas frescas, folhas verdes, grama, entre outros. Saber identificar as características de azeites extravirgens é importante para profissionais que trabalham com alimentação, tanto no preparo das receitas quanto no serviço, para agregar valor ao estabelecimento.

Massas

Basicamente, dividem-se em três grupos:

MASSAS CURTAS – Ex: penne, farfalle, ave maria, padre nosso, conchiglia, fusilli, gnocchi, etc.

MASSAS LONGAS – Ex: spaghetti, linguine, bucatini, fettuccine, pappardelle, tagliarini, cabelo de anjo, etc.

MASSAS RECHEADAS – Ex: agnolotti, capeletti, rondele, lasagna, ravióli, tortelini, tortelloni, fagotinni, etc.

Grãos e cereais

Apesar de serem alimentos diferentes, foram agrupados na mesma categoria por sua característica de preparo. Ou seja, em sua maioria, precisam ser cozidos para então serem consumidos, além de que são a base da alimentação, principalmente dos brasileiros. O arroz e feijão nosso de cada dia enquadram-se como grãos e cereais, além do milho e da soja. Dos mais comuns, ainda podemos citar o grão-de-bico, a ervilha, a aveia, o trigo, o centeio, a cevada, a lentilha e a quinoa, entre tantos outros. Lembrando que ainda pode haver variações do mesmo item, por exemplo o feijão, que pode ser preto, carioquinha, branco, de corda, fradinho, jalo, etc.

Carnes, aves e pescados

Fontes de proteína, podem ser preparados de diversas formas, mas é possível dizer que o churrasco é uma das mais conhecidas e de grande aceitabilidade.

BOVINOS – a carne bovina é também chamada de carne de gado. Seus cortes mais comumente conhecidos no Brasil são: músculo dianteiro, peito, pescoço, acém, cupim, paleta, capa de filé, filé de costela, aba de filé, ponta de agulha, contrafilé,

filé mignon, fraldinha, maminha, alcatra, picanha, patinho, coxão mole, lagarto, coxão duro e músculo traseiro. Esses mesmos cortes podem ter nomenclatura diferente, dependendo da região do Brasil. Dos cortes apresentados, podem ser feitos bifes ou escalopes, carne moída, cubos, tirinhas, medalhões, fatiados, picadinhos, etc.

AVES – são consideradas as "carnes brancas", por serem mais leves. Os cortes mais comuns são: peito, coxa, sobrecoxa, drumet ou coxinha da asa, asa e pescoço, entre outros. Das aves, também são consumidos os miúdos, como o coração e a moela. Os cortes podem ser feitos como bifes, carne moída, cubos, tirinhas, medalhões, fatiados e picadinhos. Alguns dos cortes são apresentados integralmente, como no caso das asas ou dos miúdos. Além do frango, também fazem parte dessa categoria as codornas e outras aves.

SUÍNOS – lidamos até os dias de hoje com algumas lendas, entre elas a de que a carne de porco não é saudável, e estudos recentes mostram que esse tipo de carne pode ser, sim, um dos mais saudáveis. Em geral, a carne de porco é consumida em cortes como bifes, carne moída, cubos, tirinhas, medalhões, fatiados e picadinhos. Dos cortes inteiros, podemos lembrar do pernil, do lombo, das orelhas, dos pés e do rabo usados na nossa famosa feijoada, entre outros, como picanha e filé mignon, mais consumido nos últimos anos.

PEIXES – de rio ou de mar. Uma infinidade de peixes é consumida no Brasil. Talvez dos tipos mais comuns podemos citar o salmão, a tilápia, o cação e até o pintado, que vem do rio. Podem ser feitos em filés, postas, fatiados, cubos ou mesmo inteiros. De seus miúdos, pouco aproveitamos. Já a pele tem tido outras destinações, até mesmo na área da saúde.

PRODUÇÕES

Além de todos os itens listados, ainda é preciso considerar as produções mais tradicionais, que são o resultado das misturas de ingredientes por meio de determinados métodos de preparo.

Molhos

A cozinha tem cinco preparações, que são usadas como base, integral ou parcialmente, para produzir diferentes e incontáveis tipos de molhos. Esses "molhos-base" são:

DEMI-GLACE – obtido a partir da preparação de vegetais, purê de tomate, roux (preparo de farinha e manteiga, usado para espessar molhos), ervas, especiarias e fundo escuro (caldo preparado com ossos e aparas de carne). A partir dele, com a adição de outros ingredientes, tem-se diversas variações.

BECHAMEL – preparo a partir da união de leite e roux, além de especiarias. Sua base é usada para muitos molhos à base de queijos, limão e mostarda.

VELOUTÉ – para prepará-lo, usa-se como base o fundo claro (caldo feito com ossos e aparas com legumes e especiarias) e acrescenta-se roux. Pode ser usado para preparar sopas e cremes, além de molhos.

TOMATE – talvez seja este o mais comum e com o maior número de variações possíveis. Sua base simples permite a combinação com diversos ingredientes, por isso serve como base para preparações tão comuns em restaurantes, como as pizzas. Casas com referência à cozinha italiana são as maiores consumidoras e criadoras de molhos com base de tomate.

MAIONESE – não tão comum no Brasil, mas com apelo muito grande em cozinhas clássicas, como a francesa. Por aqui também é comum encontrarmos a base de maionese usada para preparo de diferentes molhos, lanches e saladas.

Acompanhamentos em geral

Também chamados de guarnição, este é o item que complementa uma produção, ou seja, o prato somente estará completo se montado a partir de dois pontos: item principal e acompanhamento. No caso de uma massa, pode-se dizer que ela é o principal e seu molho é o acompanhamento; já quando temos um filé acompanhado de massa, a ordem é invertida e a massa passa a ser o acompanhamento. Ou seja, os itens podem caminhar entre serem considerados principais ou guarnições, dependendo de como são apresentados e de sua lógica no cardápio.

É comum encontrar os seguintes itens como acompanhamento: risotos, massas, batatas e todas as suas formas (sauté, frita, purê, gratinada, etc.), legumes, saladas e tortas, entre outros.

Doces e sobremesas em geral

São apresentados no cardápio costumeiramente no final ou, em restaurantes de autosserviço, colocados antes do buffet, como estratégia de venda. Podem ser feitos à base de ingredientes como frutas, chocolates e ovos. Apresentados em formato de compotas, tortas, cremes, bolos, sorvetes e até doces de festa, como os beijinhos e brigadeiros. Podem assumir lugar de destaque, dependendo de como são apresentados.

Métodos de cocção

É a maneira como o alimento é cozido. É também considerado um meio de conservação, uma vez que altas temperaturas são capazes de eliminar alguns perigos de contaminação. Há algumas formas mais tradicionais, mas a tecnologia tem trazido diferentes modos de cozer os alimentos, a fim de se obter mais qualidade, rendimento e integralidade. O objetivo não é passar por todos os métodos e especificar todos os procedimentos, mas dar ao supervisor o entendimento daqueles mais usados em restaurantes nos dias de hoje. As técnicas a seguir são as mais comuns:

CALOR SECO – assar, grelhar, saltear ou até mesmo fritar (por imersão ou em pouca gordura) são alguns exemplos de como os alimentos são preparados sem a adição de água ou líquidos. Sua utilização depende muito do tipo de alimento e do resultado que se espera.

CALOR ÚMIDO – ocorre quando há a adição de líquidos em seu preparo, como nos cozidos (com ou sem pressão), escalfados ou poché (cozido em líquido, porém em recipientes destampados) e a vapor (com pouco líquido, mas em recipientes tampados).

CALOR MISTO OU COMBINADO – como diz o nome, é a maneira pela qual o alimento é cozido pela mistura dos dois tipos de calor. Hora passa pelo calor seco e depois pelo calor úmido. Os refogados, guisados e braseados são preparados dessa maneira. Hoje os fornos combinados têm ganhado espaço nas cozinhas, pois garantem a produção de diferentes alimentos ao mesmo tempo, por conta da sua capacidade em mesclar os dois métodos de cocção, além da grande capacidade de regeneração de alimentos prontos.

OUTROS MÉTODOS – são métodos que utilizam formas diferentes e muitas vezes inovadoras de cozer os alimentos. Hoje, tem-se falado muito em sous-vide, por exemplo, quando o alimento é acondicionado em embalagem plástica devidamente selada a vácuo para evitar o contato com qualquer líquido que não seja o proveniente do próprio alimento e do contato direto com o calor, assim ele é cozido em temperatura baixa e constante, para que seus sabores sejam apurados. O resultado disso é a intensificação de sabores e umidade.

Bar, bebidas, beber e servir

As bebidas estão diretamente relacionadas à alimentação humana e à gastronomia, pois têm um papel social no que diz respeito a rituais, celebrações, aspectos folclóricos e religiosos, que fazem parte da história das civilizações. Além disso, as bebidas também apresentam importância comercial e financeira relevante para a economia dos países. A utilização das bebidas não se restringe ao seu simples consumo, uma vez que são essenciais para a elaboração de diversas receitas, valorizando os pratos e enriquecendo a experiência dos clientes.

Até o surgimento de diferentes bebidas, somente nos últimos dez mil anos, a água era a fonte mais importante, se não a única, de hidratação para a sobrevivência do homem, ainda que muitas vezes seu consumo fosse perigoso, por conta de contaminações diversas. O surgimento de diferentes bebidas está relacionado aos alimentos disponíveis no local, às condições climáticas e ambientais, além dos costumes locais e, muito importante, das grandes corporações e de seus interesses e potenciais de distribuição e de logística.

A variedade de bebidas existentes hoje ou antigamente é enorme, mas o que é comum a todas é seu papel fundamental no relacionamento entre as pessoas, fazendo parte da história da humanidade.

O governo brasileiro oficialmente define e classifica as bebidas por meio do Decreto de Bebidas nº 6.871/2009, como:

> *[...] o produto de origem vegetal industrializado, destinado à ingestão humana em estado líquido, sem finalidade medicamentosa ou terapêutica. Também bebida: a polpa de fruta, o xarope sem finalidade medicamentosa ou terapêutica, os preparados sólidos e líquidos para bebida, a soda e os fermentados alcoólicos de origem animal, os destilados alcoólicos de origem animal e as bebidas elaboradas com a mistura de substâncias de origem vegetal e animal. (Brasil, 2009)*

Segundo o artigo 12 desse decreto, há a seguinte classificação:

BEBIDA NÃO ALCOÓLICA: "é a bebida com graduação alcoólica até 0,5% em volume, a 20 graus Celsius, de álcool etílico potável" (podendo ser bebida não fermentada não alcoólica; ou bebida fermentada não alcoólica).

BEBIDA ALCOÓLICA: "é a bebida com graduação alcoólica entre 0,5% e 54% em volume, a 20 graus Celsius" (podendo ser bebida alcoólica fermentada,[1] bebida alcoólica destilada,[2] bebida alcoólica retificada[3] ou bebida alcoólica por mistura[4]).

Além da classificação das bebidas em dois grandes grupos (alcoólicos e não alcoólicos), é possível encontrar diferentes e mais detalhadas formas de classificar as bebidas por órgãos, entidades e referências acadêmicas. Considerando todas essas perspectivas, o quadro a seguir pretende contribuir para a compreensão dos diferentes tipos de bebidas.

---

[1] Bebida alcoólica fermentada: obtida por processo de fermentação alcoólica. (Brasil, 2009)

[2] Bebida alcoólica destilada: obtida por processo de fermento-destilação, pelo rebaixamento do teor alcoólico de destilado alcoólico simples, pelo rebaixamento do teor alcoólico do álcool etílico potável de origem agrícola ou pela padronização da própria bebida alcoólica destilada. (Brasil, 2009)

[3] Bebida alcoólica retificada: é a bebida alcoólica obtida por processo de retificação do destilado alcoólico, pelo rebaixamento do teor alcoólico do álcool etílico potável de origem agrícola ou pela padronização da própria bebida alcoólica retificada. (Brasil, 2009)

[4] Bebida alcoólica por mistura: é a bebida alcoólica obtida pela mistura de destilado alcoólico simples de origem agrícola, álcool etílico potável de origem agrícola e bebida alcoólica, separadas ou em conjunto, com outra bebida não alcoólica, ingrediente não alcoólico ou sua mistura. (Brasil, 2009)

Quadro 1
PRINCIPAIS TIPOS E CATEGORIAS DE BEBIDAS

TIPO	CATEGORIA	EXEMPLOS DE BEBIDAS
Bebidas alcoólicas	Fermentadas	Cerveja, vinho, sidra, saquê, cauim, hidromel, aluá, balché, caxiri, chicha, pajauaru, pulque, retsina.
	Destiladas	Cachaça, uísque, vodca, rum, gim, conhaque, tequila, aguardente, arak, armagnac, bagaceira, brandy, grogue, kirsch, metaxa, mezcal, ouzo, pisco, soju, tiquira.
	Compostas por infusão	Anisados, bitters, vermouths, licores.
	Mistas	Sangria, coquetel, cooler, bebidas *ice* à base de destilados ou fermentados.
Bebidas não alcoólicas	Águas	Água engarrafada, água sem gás, água com gás, água de galão, potável, mineral ou mineralizada.
	Sucos e néctares	Suco que contém 40% a 100% de fruta pura, polpa ou suco diluídos; produtos para preparo, comercializados em forma de "concentrado" para consumo domiciliar.
	Lácteas	Leites aromatizados, bebidas lácteas saborizadas e leite branco.
	Refrigerantes	Adoçados, sem álcool e contendo dióxido de carbono.
	Refrescos	Produto não gaseificado pronto para beber, bebidas à base de soja, refrescos com sabores de frutas, guaraná natural, bebidas à base de chá prontas para beber, isotônicos e bebidas energéticas.
	Quentes	Café, chá, infusão, chocolate.
	Desalcoolizadas	Sidra sem álcool, espumante sem álcool, vinho sem álcool, outras.
Bebidas alucinógenas	Vegetais	Ayahuasca, jurema.

Fonte: Brasil, 2014; Abrabe; Abir; Rosa *et al.*, 2006; Pacheco, 2010a; Bruch, 2012; Carneiro, 2005.

Dada a abrangência e a diversidade das bebidas, vale destacar que o objetivo deste capítulo não é esgotar a busca por todas aquelas existentes no mundo, nem mesmo no Brasil, no passado ou no presente. A indústria ou o segmento de bebidas é extremamente dinâmico, cheio de novidades e modismos. O conhecimento sobre bebidas, ou melhor, sobre o segmento como um todo, é fundamental para o profissional manter-se atualizado e adequar o serviço e os produtos ao público-alvo do empreendimento em que trabalha.

PRINCIPAIS TENDÊNCIAS DO SETOR DE BEBIDAS

O segmento de bebidas gera números relevantes para a economia do país. A concorrência no setor é grande, e as empresas buscam constantemente diferenciar-se quanto ao conceito, ao design e às características e particularidades de cada bebida. Existem centenas de tipos de copos, taças e acessórios para cada tipo de bebida. Basta olhar nos catálogos de empresas de materiais para bares e restaurantes para ver o nível de detalhe e a indicação para a utilização de cada um. Muitas vezes, é inviável ter no estabelecimento uma taça ou um copo específico para cada bebida por conta do espaço, da logística e do investimento nesse tipo de material. A escolha dos copos, das taças e dos acessórios de cada bebida deverá estar alinhada com o conceito do estabelecimento e de sua modalidade de serviço.

Claro que algumas regras têm de ser respeitadas. Não faria sentido, por exemplo, servir um clássico coquetel Dry Martini em uma taça que não seja a taça Martini, a menos que o propósito seja criar uma releitura do coquetel e, por isso, não haveria regras quanto à taça utilizada. Na ausência de taças específicas de cerveja, taças de vinhos podem ser uma boa alternativa. O importante é ter conhecimento sobre os clássicos e as supostas regras para que se possa adequar o serviço conforme o ambiente e as necessidades do estabelecimento e do cliente.

A indústria de materiais de bares e restaurantes constantemente elabora novos modelos e propostas de materiais. Produtores de bebidas muitas vezes desenvolvem junto a fornecedores modelos específicos de taças e acessórios para valorizarem suas bebidas, e a cada hora surge uma novidade. As taças de espumante são bons exemplos. Houve uma época em que a taça coupe era a mais indicada para se degustar champanhe. Ao perceberem que essa taça não valorizava a perlage (borbulhas) da bebida, a flûte passou a ser a ideal. Hoje em dia, a discussão está em torno da utilização da taça tulipa ou até mesmo da taça comum de vinho para servir champanhes e espumantes.

A preocupação dos consumidores com o meio ambiente também impacta diretamente esse segmento. Bebidas produzidas por meio de processos ambientalmente corretos estão em alta, como cervejas, vinhos e até refrigerantes orgânicos, naturais; garrafas de vidro cada vez mais leves; embalagens alternativas e sustentáveis; recipientes retornáveis, como os growlers, para compra de bebidas. Além disso, a produção artesanal em pequena escala de bebidas está em alta, assim como projetos sociais que revertem a renda para instituições beneficentes.

A preocupação com a saúde é outro aspecto relevante para o segmento, e que realmente interfere no modo pelo qual as pessoas consomem alimentos e bebidas, merecendo a atenção de quem os serve. É crescente a oferta de produtos mais naturais ou aparentemente mais saudáveis, como águas, sucos, chás e até refrigerantes. O consumo de "água" é crescente, assim como de bebidas menos alcoólicas, evidenciando a tendência por bebidas mais leves e um aumento de tipos de bebidas não alcoólicas.

Consumo responsável

As bebidas têm um lado inebriante que desperta a curiosidade das pessoas. Assim, é imprescindível ressaltar o papel dos profissionais de serviços de bebidas e, sobretudo, do supervisor em relação à venda e ao consumo responsável de bebidas alcoólicas, buscando informações atualizadas para orientar a equipe e os clientes.

No Brasil, a Secretaria Nacional Antidrogas (Senad) elabora planos e políticas públicas voltadas para a promoção, prevenção e assistência à saúde dos brasileiros, realizando pesquisas sobre o consumo de álcool, campanhas que reforçam o consumo moderado, projetos que controlam a divulgação e a propaganda de bebidas alcoólicas, entre outras ações. Outra fonte de informação interessante é a Anvisa, que se propõe a gerar informações claras sobre os efeitos e males causados pelo consumo das bebidas alcoólicas. A Associação Brasileira de Bebidas (Abrabe) tem uma plataforma dedicada exclusivamente a esse tema onde muitas informações podem ser encontradas: www.semexcesso.com.br.

Atualmente muito se fala sobre alimentos e bebidas funcionais, que oferecem algum tipo de benefício para a saúde por conta dos seus componentes bioativos. Assim, também é crescente o desenvolvimento de produtos, como bebidas enriquecidas (sucos e águas com vitaminas e minerais agregados); desportivas; energéticas; e nutricionais (incorporam ingredientes medicinais específicos).

Não tem como negar que uma das funções essenciais das bebidas é, de fato, a nutricional, pois uma vez que as ingerimos, estamos consumindo muitos nutrientes. Porém, nem sempre as bebidas são contempladas em estudos que se referem a alimentos no Brasil, e tampouco facilmente associamos bebidas alcoólicas como alimentos, muito por conta da presença do álcool. É difícil pensar, por exemplo, que uma tequila ou um whisky seriam alimentos ou teriam nutrientes benéficos para a saúde. Uma exceção talvez sejam as bebidas fermentadas, como o vinho e a cerveja. Afinal, quem nunca ouviu falar que tomar um cálice de vinho por dia faz bem ao coração?

Outra característica do setor de bebidas que merece ser destacada é que as empresas produtoras ou distribuidoras estão cada vez mais atentas à otimização e diversificação de recursos. Assim como sommeliers percebem que são profissionais especialistas em bebidas e que cada vez mais têm de abrir a mente para atuar no segmento como um todo, as empresas também estão apostando na diversificação do portfólio de bebidas para atuar nesse segmento competitivo. Produtores de vinhos, além de desenvolverem produtos oriundos de uvas e derivados, passam a produzir cervejas, destilados, sucos e chás. Produtores de cachaça muitas vezes produzem gim e vodca. Importadoras que até pouco tempo atrás eram especializadas em vinhos, hoje passam a comercializar cervejas, destilados e não alcoólicos. Produtores de café muitas vezes vendem chá, e assim por diante.

COMPATIBILIZAÇÃO DE ALIMENTOS E BEBIDAS

A experiência mista de sensações olfativas, gustativas e táteis percebidas durante a degustação, segundo a Associação Brasileira de Normas Técnicas (1993), pode ser entendida como o sabor, e o aroma pode ser perceptível via órgão olfativo durante a degustação. Laboratórios de análise conseguem detectar características físico-químicas dos alimentos e bebidas, mas não conseguem medir a percepção humana. Dessa forma, a análise sensorial tem um papel importante no estudo de bebidas, pois funciona como um meio de campo entre o produto e o consumidor. Aroma e sabor são fatores decisivos na qualidade dos produtos. Saber quando e como consumir diferentes bebidas é um diferencial para profissionais que trabalham com alimentos e bebidas, no serviço e também na indústria.

Harmonização – ou melhor, compatibilização – de alimentos e bebidas é certamente um assunto que está em pauta hoje em dia e, consequentemente, exige conhecimento de quem realiza esse serviço. Informações sobre harmonizações estão disponíveis nos contrarrótulos das bebidas, em aplicativos informativos, em blogs e muitas vezes nas próprias cartas ou cardápios dos bares e restaurantes. O fato é que o excesso de regras e rituais acaba inibindo e, muitas vezes, afastando o consumidor e até amedrontando profissionais, em vez de proporcionar uma experiência que agregue valor.

A maioria das bebidas tende a compatibilizar bem com a maioria dos alimentos. Saber disso é o primeiro passo para que esse assunto não preocupe tanto as pessoas receosas de cometerem erros. Entretanto, há uma questão de química que sustenta o porquê do sucesso ou do insucesso de algumas compatibilizações. Basicamente, é preciso saber que, segundo Deise Novakoski e Renato Freire (2005):

- [ ] o salgado reforça o amargo;
- [ ] o amargo reduz a acidez;
- [ ] o doce atenua os sabores ácidos, amargos e salgados;
- [ ] o ácido, por sua vez, deve ser sempre igualado.

A ideia é que se o alimento e a bebida harmonizam, então juntos eles são melhores do que separados. Se os alimentos e bebidas não combinam, certamente será perceptível no paladar e desagradável, mas sempre é possível tomar um gole de água e recomeçar. É difícil falar que tal alimento não harmoniza com tal bebida, tendo em vista as muitas peculiaridades e particularidades a serem consideradas.

Existem compatibilizações que ocorrem por semelhança ou analogia, entre as características dos alimentos e das bebidas. Bebidas que têm características ou perfis semelhantes tendem a harmonizar com alimentos que tenham esse mesmo perfil. Por exemplo: um prato cuja principal característica é a leveza, o frescor e a acidez tende a harmonizar com bebidas que apresentam esse mesmo perfil, podendo ser tanto cervejas Lagers, vinhos brancos, rosés ou até tintos leves quanto cachaças brancas. Da mesma forma, preparações mais pesadas, intensas e gordurosas também precisam de bebidas mais robustas, encorpadas e com estrutura para encarar esse peso, podendo ser vinhos tintos, cervejas Ales ou mesmo cachaças envelhecidas em tonéis de carvalho ou outros.

Harmonizações também podem ocorrer por contraste, como um queijo salgado que, por exemplo, cai muito bem com uma bebida mais doce, como um vinho fortificado ou uma cerveja Stout. Há também harmonizações regionais que refletem toda cultura alimentar de uma região e são classicamente conhecidas e replicadas mundo afora. Existem ingredientes que são difíceis de harmonizar com vinhos, mas fáceis de harmonizar com cervejas ou destilados e vice-versa. O café e o chá são tão harmonizáveis quanto as bebidas alcoólicas. Coquetéis, geralmente esquecidos nesse cenário quando o assunto é harmonização, atualmente ganham um olhar especial. A caipirinha, por exemplo, harmoniza perfeitamente com uma feijoada. Apesar de tradicionalmente no Brasil pensarmos que queijos e vinhos harmonizam perfeitamente, muitos defendem que cervejas são muito mais harmonizáveis com os queijos do que os vinhos. No serviço de um jantar é possível contemplar diferentes bebidas, desde que se reconheça que a sensibilidade sensorial das pessoas tende a diminuir conforme consomem esses produtos e, logo, é importante lembrar de servir o seco antes do doce, o leve antes do encorpado.

São tantas possibilidades que o importante é manter uma mente aberta, sem radicalismos e sem tomar partido em relação a uma única bebida. O que se deve buscar é o prazer de reunir alimentos e bebidas em momentos de confraternização e comensalidade, respeitando as preferências individuais das pessoas e reconhecendo que todas as bebidas têm espaço nesse cenário, sendo umas mais adequadas para determinadas situações que outras.

TEMPERATURAS DE SERVIÇO

Entender as razões pelas quais se indica a apreciação de determinadas bebidas em diferentes temperaturas é o primeiro passo para um serviço de qualidade. A temperatura das bebidas certamente influencia a experiência da degustação, pois pode interferir nas percepções gustativas do paladar. Temperaturas muito baixas podem inibir a percepção das características sensoriais ou realçar algum aspecto indesejado. Basicamente, temperaturas baixas são ideais para bebidas leves, como cervejas Pale Lagers, vinhos brancos jovens e destilados neutros, pois contribuem para sua percepção de frescor. Da mesma forma, temperaturas mais elevadas permitem que os sabores e aromas mais complexos de bebidas mais encorpadas, como as Ales, vinhos tintos e destilados envelhecidos, sejam percebidos.

De maneira geral, pode-se pensar nos seguintes parâmetros de temperaturas de serviço:

TEMPERATURA (°C)	CERVEJAS	VINHOS	DESTILADOS
0			
1	Pale Lagers, cervejas sem álcool e cervejas de baixa qualidade		
2			
3			
4			
5	Cervejas de trigo claras, Lambics de fruta e Gueuzes	Espumantes, vinhos doces	Destilados neutros, como vodca e gim
6			
7			
8	Lagers escuras, Pale Ale, Amber Ale, cervejas de trigo escuras, Porter, Helles, Vienna, Tripel e Bock tradicional	Brancos secos e rosados	
9			
10			
11			Aguardentes de uva e destilados de frutas
12			
13	Ale Quadrupel, Strong Ales escuras, as Stout e a maioria das cervejas especiais belgas, trapistas, e as Bocks mais fortes, como a Eisbock e a Doppelbock	Tintos leves e brancos encorpados	
14			
15			
16		Tintos encorpados	
17			
18			
19			Destilados envelhecidos, como conhaques, whiskies e rum
20			

Fonte: Jackson, 2010; Pacheco, 2010a; Oliver, 2012; Vianna Junior, 2015.

Bebidas quentes, como chás e cafés, também devem ser preparadas e servidas em temperaturas adequadas, para realçar suas características de qualidade. Existem indicações ideais para as temperaturas da água e o tempo de infusão de diferentes tipos de chás, visando extrair o máximo de características positivas das ervas. Entretanto, essas indicações não devem ser restritivas, sendo importante considerar as informações fornecidas pelos produtores, além das preferências dos comensais.

REGIÕES GEOGRÁFICAS

Outro aspecto a se considerar no segmento de bebidas – e que também se aplica aos alimentos – diz respeito à origem e à autenticidade de produtos. No Brasil, regiões produtoras de alimentos e bebidas são amplas e informalmente reconhecidas pela população, mas a maioria ainda não tem registro formal que ateste a qualidade, a autenticidade e a procedência desses produtos.

Cada país estabelece suas normas para definir os parâmetros de reconhecimento de indicações geográficas para garantir a qualidade de seus produtos e serviços. Para citar algumas instituições que atestam denominações de origem, na França, temos Vins de Pays (vinhos regionais), vinhos VDQS (Vins Délimités de Qualité Supérieure) e os vinhos AOC (Vins d'Appellation d'Origine Contrôlée). Na Itália, Vino da Tavola (VDT), Indicação Geografica Tipica (IGT), DOC (Denominazione Di Origene Controllata), DOCG (Denominazione Di Origene Controllata e Garantita); em Portugal, Vinho Regional (VR), Indicação de Proveniência Regulamentada (IPR) e Denominação de Origem Controlada (DOC). No Brasil, temos Indicação Geográfica (IG), Indicação de Procedência (IP)[5] e Denominação de Origem (DO),[6] por exemplo.

---
5 Indicação de Procedência (IP): refere-se ao nome do local que se tornou conhecido por produzir, extrair ou fabricar determinado produto, ou prestar determinado serviço.
6 Denominação de Origem (DO): refere-se ao nome do local que passou a designar produtos ou serviços, cujas qualidades ou características podem ser atribuídas à sua origem geográfica.

Ao longo dos anos, cidades ou regiões ganharam fama por conta de seus produtos ou serviços, como a região de Salinas e a cachaça. Isso explica porque somente vinhos espumantes produzidos a partir de determinadas uvas, de determinado jeito e especificamente na região de Champagne, de acordo com a legislação local, pode ser chamado de champanhe. Todos os outros têm de ser chamados de espumantes ou conforme sua região geográfica e suas especificidades, como é o caso da Cava, Franciacorta, Prosecco. Da mesma forma, esse também é um dos motivos pelos quais produtores de vinhos do Velho Mundo, como França, Espanha, Itália e Portugal, por exemplo, não colocam a variedade da uva nos rótulos, pois, dependendo de onde é produzido e a qual região pertence, há regras e permissões para a utilização de determinados tipos de uvas e práticas. Para exemplificar, um vinho de Bordeaux, que pertença a uma região geográfica específica e que traga no rótulo a indicação de AOC é produzido com as uvas que são permitidas naquela região, que, no caso, tipicamente são Cabernet Sauvignon, Merlot, Cabernet Franc e Petit Verdot. Assim, quem compra sabe que variedades de uvas encontrará em um vinho de Bordeaux e, por isso, as variedades não são indicadas no rótulo.

Quando certa qualidade e/ou tradição de determinado produto ou serviço podem ser atribuídos à sua origem, o reconhecimento da região geográfica surge como fator decisivo para garantir sua proteção e diferenciação no mercado, valorizando a região de produtores e gerando visibilidade social, econômica e ambiental, em âmbito nacional e internacional.

Hoje há milhares de regiões demarcadas globalmente que contemplam diferentes tipos de produtos, desde o queijo suíço gruyère à tequila mexicana. Atualmente, no Brasil, o Inpi reconhece regiões produtoras de diferentes produtos, que vão desde algodão, carne, calçados, sinos, couro, uvas, mangas, arroz, artesanato e doces até bebidas, tanto nacionais como estrangeiras. As bebidas que têm regiões produtoras reconhecidas pelo Inpi, até agosto de

2018, são: vinhos (tranquilos,[7] espumantes[8] e licorosos[9]), destilados (aguardentes, cachaça e conhaque), cajuína, erva mate e cafés. O site do Inpi traz toda a relação das regiões reconhecidas. Para mais informações, consulte: http://www.inpi.gov.br/menu-servicos/indicacao-geografica/pedidos-de-indicacao-geografica-no-brasil.

O reconhecimento de uma região geográfica ou produto é, muitas vezes, uma forma de negociação entre os governos. Por exemplo, em 2013, os governos do Brasil e Estados Unidos firmaram um acordo que garantia que a cachaça fosse considerada um produto exclusivamente brasileiro no mercado norte-americano e, em contrapartida, o Brasil reconheceu o Bourbon Whiskey e o Tennessee Whiskey apenas para as bebidas elaboradas pelos produtores dos Estados Unidos (Brasil, 2013, p. 142).[10] Outro país que formalizou esse reconhecimento em 2013 foi a Colômbia, na América do Sul. A mudança resolve problemas que os exportadores brasileiros de cachaça enfrentavam no mercado americano, uma vez que o reconhecimento da cachaça como produto genuinamente brasileiro agrega valor ao produto e contribui para o aumento das vendas da bebida nos Estados Unidos.

Assim, o reconhecimento das regiões geográficas é estratégico para aumentar a percepção de valor de produtos, valorizando as características específicas geralmente associadas às regiões de origem. Além disso, também contribui para ampliar a competitividade dos negócios e funciona como uma garantia contra a falsificação.

---

7 Tranquilo: vinho não efervescente.
8 Espumante: "vinho cujo anidrido carbônico provém exclusivamente de uma segunda fermentação alcoólica do vinho em garrafas (método tradicional) ou em grandes recipientes (método charmat), com uma pressão mínima de quatro atmosferas a 20 °C e com teor alcoólico de 10% a 13% em volume". (Brasil, 2004, art. 11)
9 Vinho licoroso: "vinho com teor alcoólico ou adquirido de 14% a 18% em volume, sendo permitido, na sua elaboração, o uso de álcool etílico potável de origem agrícola, mosto concentrado, caramelo, mistela simples, açúcar e caramelo de uva". (Brasil, 2004, art. 14)
10 Apesar de esse reconhecimento ter sido indicado no Diário da Câmara dos Deputados em 11 de abril de 2013, não é possível encontrar tais indicações no Inpi.

COQUETELARIA

Ao longo da história, algumas iniciativas buscaram impedir o consumo de álcool, como a Lei Seca Americana, entre 1920 e 1934. Entretanto, a proibição acabou estimulando a produção ilegal de diversas bebidas fermentadas e destiladas, além de ter contribuído para o crescimento da prática da coquetelaria,[11] uma vez que

> [...] a preocupação com flagrantes policiais acarretava o consumo de bebidas até diretamente de frascos e garrafas, ou ainda de canecas de café. Sucos de frutas foram combinados com licores e runs, especiarias e outros sabores, com o intuito de dissimular o conteúdo alcoólico dos coquetéis, e servidos em copos grandes, cocos e abacaxis de cerâmica, conchas, esculturas e copos de bambu decorados com flores [...]. (Furtado, 2009, p. 37).

Apesar de registros indicarem que, desde o século XIII, cozinheiros dos sultões turcos já criavam coquetéis perfumados com água de rosas para driblar as rigorosas regras de Maomé em relação ao álcool, os coquetéis viraram moda em meados do século XIX, quando muitos deles foram surgindo, e as técnicas, aprimorando-se. Interessante notar também o poder da indústria cinematográfica americana, que influenciou na criação de vários coquetéis e impulsionou a prática de consumi-los. Alguns exemplos de coquetéis que ficaram famosos em função dos filmes são: Bloody Mary (*The girl can´t help it*, 1956), Daiquiri (*To have and have not*, 1944), Champanhe Cocktail (*Casablanca*, 1942) e Mojito (*Our man in Havana*, 1959), além de muitos outros (Furtado, 2009). Mais recentemente, pode-se citar o Cosmopolitan (do seriado e filme *Sex and the city*)

---

11 Definição de coquetel: é a combinação de bebidas, incluindo vinho, perfumarias, adoçantes, sabores adicionados, enfeites e variados temperos, que podem ser consumidos antes das refeições (Furtado, 2009, p. 42). Coquetelaria é a arte de preparar coquetéis.

e o imortalizado Dry Martini consumido por James Bond, nos filmes do agente britânico 007. Em todos esses casos, os filmes costumam alavancar a popularidade dos coquetéis, transmitindo sofisticação, consumo em momentos românticos ou de amizade, sempre com vínculos sociais positivos.

A área de coquetelaria e mixologia traz novidades a toda hora, e muitas vezes os créditos sobre a origem de determinada moda são controversos. As histórias sobre os surgimentos dos coquetéis são as mais diversas possíveis e, algumas, muito divertidas. Conhecê-las é interessante para os profissionais de serviço, pois agregam valor ao produto na hora de oferecê-lo aos clientes. Há pouco tempo o Aperol Spritz virou febre no Brasil, e mais recentemente o Moscow Mule e o gim-tônica. Afinal, o que acontece para que de repente esses coquetéis sejam desejados em larga escala? Normalmente, o que está atrelado aos modismos pode ser resultado tanto de uma iniciativa da indústria, que investe em estratégias de marketing para alavancar a venda de algum produto, quanto da superprodução de algum ingrediente regional que precisava ser utilizado, da própria ação de bartenders e mixologistas renomados, dos filmes, dos livros, das notícias, etc. No tópico a seguir, ao detalharmos os tipos e as características de bebidas, elencamos alguns coquetéis bastante consumidos no Brasil, preparados com essas diferentes bebidas.

Além de estar atento às tradições e às novidades, é imprescindível que o profissional que trabalha com alimentos e bebidas tenha o discernimento de que diferentes bebidas têm diferentes nutrientes e, consequentemente, podem e devem ser consumidas em momentos adequados, respeitando suas características e finalidades, sem preconceitos. Levando em conta que as propriedades nutricionais das bebidas influenciam também o momento em que são ingeridas, os profissionais de serviço devem saber a melhor ocasião para oferecê-las. Os coquetéis são um bom exemplo disso, que, tradicionalmente, são classificados segundo sua modalidade (conforme o tipo de preparo: batidos, mexidos ou montados), sua categoria (conforme o volume e tipo de bebida: long drinks, short drinks, hot drinks ou frozen drinks) e sua finalidade, como veremos a seguir:

APERITIVOS: devem ser servidos antes das refeições, com o intuito de estimular o apetite. Costumam ter sabor amargo, ácido, salgado e são geralmente secos, pouco doces. Levam na preparação destilados, bitters, vermutes e licores, e podem ser completados com sucos de frutas ácidas ou bebidas secas. Exemplo: Dry Martini, Manhattan, Daiquiri, Kir.

NUTRITIVOS: costumam ser calóricos e levam na preparação ingredientes como frutas, mel, leite, ovos, cremes, xaropes e açúcar. Geralmente são servidos fora dos horários das refeições. Exemplo: Brandy Egg Nog.

REFRESCANTES: costumam ser preparados com destilados, licores, bitters e sucos de frutas, água gaseificada, refrigerantes e muito gelo, e servidos em copos longos. De maneira geral são consumidos fora do horário das refeições, e são ótimos para eventos ou dias quentes. Exemplo: Mojito, Caipirinha.

ESTIMULANTES FÍSICOS: costumam ser preparados com destilados, água ou café quentes e condimentos especiais. São geralmente servidos em locais de clima frio. Exemplo: Latte Macchiato.

DIGESTIVOS: Costumam ser doces e com elevado grau alcoólico para auxiliar no processo de digestão. Levam na preparação destilados, licores, cremes, sucos, café e açúcar. Geralmente são servidos após a refeição e na hora do café. Exemplos: Alexander, Café di Saronno.

Para finalizar, cabe mencionar que os coquetéis também podem ser agrupados conforme suas características em dezenove grupos clássicos: cobblers, coolers, crustados, cups, daisies, egg-nogs, fixes, grogs, fizzes, flips, frapês/glacês, juleps, pousses, ponches, sangarees, shrubs, sours, straights, slings.

O detalhamento do processo de produção de diferentes bebidas, alcoólicas e não alcoólicas, pode ser encontrado em obras que visam explicar cada etapa, porém o foco deste livro é destacar os principais aspectos que devem ser de conhecimento do supervisor de serviços de alimentos e bebidas. Assim, basicamente, no processo de fermentação, os açúcares (como glicose, frutose e sacarose) são transformados em álcool e gás carbônico. A fermentação pode ser espontânea ou induzida por meio da adição de leveduras. O processo de destilação, por sua vez, baseia-se na diferença do ponto de ebulição da água (100°C) e do álcool (78,4°C). Assim, aquecendo um líquido previamente fermentado até o ponto de ebulição e, em seguida, resfriando-o para a condensação do vapor, é possível separar os líquidos. Já as bebidas obtidas pelo processo de infusão são produzidas a partir de bebidas fermentadas ou destiladas, adicionadas de algum ingrediente e aquecidas para a extração das essências que vão conferir diferentes características ao produto final.

BEBIDAS: TIPOLOGIA E CARACTERÍSTICAS

Fermentados

VINHO

Muitas pesquisas científicas apontam que o vinho de fato tem nutrientes, vitaminas e minerais capazes de suprir necessidades alimentares do ser humano, além de oferecer infinitos benefícios à saúde. Há países europeus, por exemplo, onde o vinho faz parte da alimentação básica há milênios, e algumas nações já o definem como bebida nacional, como a Argentina e a Espanha. No Brasil, existe uma tentativa desde 2013 de incluir o vinho entre os produtos que compõem a Cesta Básica Nacional, pois, segundo o projeto de Lei n° 5.965/2013, "o vinho já é considerado, em vários países do mundo, um complemento alimentar essencial".

No Brasil, temos os vinhos finos e os de mesa. Vinhos finos são produzidos a partir de variedades de uvas da espécie *vitis vinifera*, adequadas para a elaboração de vinhos de qualidade. Já os vinhos de mesa são elaborados a partir de uvas americanas da espécie *vitis labruscas* e *vitis bourquina*, que são próprias para o consumo direto, para a produção de sucos ou uvas passas e até para vinhos de qualidade inferior àqueles produzidos com *vitis viníferas*. Por conta da herança cultural e da tradição que remete à época da colonização, o maior consumo de vinhos no país ainda está relacionado aos vinhos de mesa. Respeitar as preferências individuais é fundamental para os profissionais de serviço, e conhecimento é uma ferramenta que contribui para que se saiba lidar com diferentes situações. Por exemplo, se na carta do estabelecimento não tiver vinhos suaves ou de mesa e o cliente solicitar, cabe ao sommelier ou ao supervisor indicar um vinho que tenha corpo leve, com taninos macios e um perfil frutado, para não constranger o cliente.

O vinho fino é uma bebida "viva" que evolui com o tempo e revela diferentes níveis de aromas, dependendo do processo de fermentação e de maturação, podendo exibir um amplo espectro de notas aromáticas: frutadas, florais, vegetais, minerais, empireumáticas (como baunilha, caramelo, café), etc. Existem mais de 5 mil tipos de uvas ou cultivares catalogadas no mundo, mas cerca de setenta são as mais utilizadas hoje. As uvas brancas mais populares são: Chardonnay, Sauvignon Blanc, Pinot Grigio, Torrontés, Chenin Blanc, Riesling, Moscato. Entre as tintas, destacam-se: Cabernet Sauvignon, Merlot, Tannat, Malbec, Shiraz, Pinotage, Pinot Noir, Carménère, Zinfandel e Tempranillo. Cada uva, também chamada de cepa ou varietal, tem uma característica própria que, dependendo da forma como é plantada, colhida, processada, "misturada" (corte ou blend), engarrafada e envelhecida, gera diferentes resultados. Vinhos rosés, por exemplo, são obtidos por meio de variedades de uvas tintas, que durante o processo de fermentação permanecem com menor contato com a casca.

Para se produzir um bom vinho, primeiramente é preciso que se tenha uma boa uva, oriunda de uma videira plantada em condições adequadas de clima e de solo. Interferências ou ausência dessas condições e de um enólogo responsável também reflete no produto final. O termo francês "terroir" não tem uma tradução direta para o português, mas reflete bem isso, como poderemos ver no quadro a seguir. As características organolépticas[12] de uma mesma uva plantada em regiões diferentes pode variar sensivelmente, dependendo do terroir.

TERROIR

Conceito que remete a um espaço no qual está se desenvolvendo um conhecimento coletivo das interações entre o ambiente físico e biológico e as práticas enológicas aplicadas, proporcionando características distintas aos produtos originários deste espaço. (Organização Internacional da Vinha e do Vinho – OIV)

Em alguns rótulos, especialmente de vinhos originários de países do Novo Mundo, como Argentina, Brasil, Chile, Uruguai, Estados Unidos, Austrália, etc., constam as variedades das uvas. Nos demais, especialmente das regiões do Velho Mundo, como França, Espanha, Portugal, Alemanha e Itália, por exemplo, constam nos rótulos apenas se são brancos, tintos ou rosé, além das outras informações exigidas por lei, e pode mencionar no contrarrótulo quais uvas compõem o produto. Atualmente, os contrarrótulos contêm várias informações que descrevem o perfil do vinho para que o

---

12 Características que podem ser percebidas por meio dos sentidos.

consumidor possa escolher o produto de forma assertiva, inclusive orientando para a temperatura ideal de consumo ou até indicando possibilidades de harmonização, além de indicar se o vinho é seco, meio seco ou suave. Essa classificação, de acordo com o teor de açúcar por litro de vinho, representa a quantidade de açúcar residual ou que permaneceu após o processo de fermentação, conforme os seguintes parâmetros:

- **Seco:** até 5 g/L de açúcar;
- **Meio seco/demi-sec:** de 5 g/L a 20 g/L de açúcar;
- **Suave:** acima de 20 g/L de açúcar.

Além de vinhos finos e de mesa, é preciso mencionar os vinhos que têm perlage, borbulhas, efervescência, que são os espumantes (vinho que passa por uma segunda fermentação alcoólica em garrafas – método tradicional – ou em grandes recipientes – método charmat –, com uma pressão mínima de quatro atmosferas a 20 °C e com teor alcoólico de 10% a 13% em volume), os frisantes (teor alcoólico de 7% a 14% em volume e levemente gaseificado, normalmente natural, mas pode ser adicionado) e os gaseificados (teor alcoólico de 7% a 14%, mas, ao contrário do espumante, suas "borbulhas" são adicionadas). Esses vinhos são extremamente associados a momentos de celebração e a datas festivas, mas podem igualmente ser apreciados durante as refeições, pois a acidez, a efervescência e a versatilidade da bebida contribuem para que possam ser harmonizados com uma infinidade de estilos de pratos. Existem espumantes brancos, rosados e tintos. Uma característica determinante dos espumantes é o teor de açúcar, cuja classificação diz:

Figura 1
COMPARAÇÃO ENTRE OS DIFERENTES TIPOS DE ESPUMANTES E SEUS TEORES DE AÇÚCAR

+ SECO

EXTRA BRUT — Extra Brut: até 6 g/L de açúcar

BRUT NATURE — Brut Nature/Brut Zéro: até 3 g/L de açúcar

BRUT — Brut: até 15 g/L de açúcar

EXTRA SEC/EXTRA DRY — Extra Sec/Extra Dry: de 12 g/L a 20 g/L de açúcar

SEC/SECO — Sec: de 17 g/L a 35 g/L de açúcar

DEMI SEC/MEIO SECO — Demi-Sec: de 33 g/L a 50 g/L de açúcar

DOCE — Doux: mais de 50 g/L de açúcar

+ DOCE

Outro tipo de vinho é o licoroso, que tem teor alcoólico natural ou adquirido entre 14% e 18%, embora seja possível encontrar exemplares com teor alcoólico superior. No caso dos fortificados, podem levar em sua elaboração um destilado ou álcool etílico durante ou após a fermentação, interrompendo-o e resultando em um vinho mais alcoólico (de 19% a 24%), mas também mais doce. Exemplos de vinhos fortificados no mundo: os Vinhos do Porto, Madeira, Moscatel de Setúbal, Marsala e Xerez (Jerez). Já os vinhos doces, popularmente conhecidos como vinhos de sobremesa, diferentemente dos fortificados, permanecem com teor elevado de açúcar natural após o processo de fermentação. Conhecidos como vinhos de sobremesa, podem ser obtidos a partir da colheita tardia de uvas (late harvest), da colheita de uvas congeladas (ice wine) ou elaboradas a partir de uvas passas (passito). Esses tipos de vinhos costumam ser tomados como aperitivos ou para harmonizar com sobremesas.

— Suco de laranja

— Espumante brut

Coquetéis preparados com vinho:
Sangria, Kir, Kir Royal, Mimosa, Belline.

MIMOSA

CERVEJA

A cerveja, assim como o vinho, está repleta de vitaminas, minerais, proteínas e antioxidantes. Apesar de fazer parte da dieta do homem há milhares de anos, essa informação, entretanto, só ficou mais difundida para os profissionais de serviço a partir do momento em que os cursos de formação de sommelier com foco em cervejas surgiram no Brasil, a partir de 2010. Assim, pode-se difundir mais a ideia de que a cerveja também tem um lado nutricional a ser considerado. Hoje, cada vez mais pessoas conhecem as propriedades nutricionais das cervejas, ainda que persistam mitos sobre ela, como "consumir cerveja faz crescer a barriga". Se comparada com outras bebidas, a cerveja pode até ser considerada uma bebida de baixa caloria e de baixo teor alcoólico, já que uma taça tem em média 120 calorias e a mesma quantidade de vinho tem 240. A produção de cerveja sem álcool também é crescente, pois responde a uma necessidade e a uma tendência por uma mudança de estilo de vida mais saudável. Por conta disso, muitos estudos estão sendo realizados, visando atender a essa demanda e também conquistar novos segmentos de mercado.

De acordo com o Decreto nº 6871/2009, art. 36, que dispõe sobre as bebidas, "cerveja é a bebida obtida pela fermentação alcoólica do mosto cervejeiro oriundo do malte de cevada e da água potável, por ação da levedura, com adição de lúpulo" (Brasil, 2009). Ao todo existem três grandes famílias de cervejas e, para cada família, inúmeros estilos, que, por sua vez, apresentam infinitos rótulos.

As Lagers, de baixa fermentação, são as cervejas mais consumidas no mundo e representam a maior parte das vendas e da produção no Brasil. Em geral, tendem a ser leves e claras, mas também apresentam grande variedade de graduação alcoólica, cores, aromas, potência e complexidade. Exemplos de Lagers: Pilsner, Weiss, Dunkel, Bock, Vienna, Schwarzbier, Doppelbock. As Ales, de alta fermentação, tendem a ser mais aromáticas, encorpadas, vigorosas e cheias de complexidade, com grande diversidade de aromas. Exemplos de Ales: Pale Ale, India Pale Ale, Stout, Porter. Há ainda as Lambics, de fermentação espontânea com micro-organismos presentes no ambiente, de origem belga, que são mais difíceis de serem encontradas no Brasil. A fermentação pode ser tanto baixa quanto alta, e a acidez é uma característica marcante. Exemplos de Lambics: Lambic-Fruit, Straight/Unblended, Gueuze, Faro.

As escolas cervejeiras são agrupadas por regiões, e cada uma tem seu parâmetro em relação às matérias-primas e os ingredientes utilizados, estilos, características de aromas e sabores, entre outros fatores. A escola cervejeira alemã contempla a Alemanha, a República Checa e a Áustria. A escola cervejeira inglesa abrange a Inglaterra, a Escócia e a Irlanda. A escola cervejeira belga compreende a Bélgica, a Holanda e a França. A escola cervejeira americana engloba os Estados Unidos e o Canadá. Existem mais de 120 estilos de cervejas e entidades especializadas que produzem, atualizam e disponibilizam informações detalhadas a respeito de cada estilo anualmente, como a Brewers Association Beer Style Guidelines e a Beer Judge Certification Program (BJCP).

Ainda que grande parte do segmento cervejeiro seja dominado por grandes grupos que detêm grande parte do volume de cervejas, é crescente o número de cervejarias artesanais e independentes no Brasil. Segundo o Ministério da Agricultura, Pecuária e Abastecimento (Mapa), em 2016 havia 493 cervejarias registradas e em 2017, 679 cervejarias com 8,9 mil produtos registrados por esses negócios em 2017, com uma média de 13 para cada marca (Abracerva, 2018). O impacto disso no serviço de bares e restaurantes é tremendo! Cada vez mais estabelecimentos investem em cartas de cervejas artesanais, contribuindo também para o desenvolvimento da gastronomia local e até incentivando o turismo.

Coquetéis preparados com cerveja:
Beerbuster, Black Velvet, Boilermaker.

SAQUÊ

O saquê é uma bebida fermentada à base de arroz que possui 21 tipos e 8 categorias da bebida, que podem ser apreciadas puras ou em coquetéis, com infinitas possibilidades. Ainda que seja crescente o número de restaurantes japoneses no país, assim como a quantidade e a diversidade de rótulos e de estilos da bebida, ainda há pouco conhecimento difundido sobre ela. Ainda não há uma legislação específica no Brasil e a dificuldade das pessoas lerem e interpretarem os rótulos dessa bebida também é um dificultador para a disseminação do consumo. Mesmo assim, o saquê desperta o interesse dos consumidores por ser uma bebida leve e fresca, e alguns restaurantes, especialmente os temáticos ou especializados em culinária asiática, costumam investir em cartas de saquês.

Coquetéis preparados com saquê:
Caipissaquê ou Saiquirinha, Saketini.

SIDRA

O consumo da sidra, bebida obtida pela fermentação do suco de maçã, decaiu na década de 1960 com o aumento da demanda por vinhos e cervejas. O oeste da França e a Inglaterra são produtores mais expressivos, ainda que haja produção nos Estados Unidos, na Espanha, na Alemanha e no Brasil, entre outros países. No Brasil, apesar da sidra estar disponível o ano todo nos mercados, o maior consumo está associado a comemorações e festas de final de ano, principalmente por conta da presença de borbulhas. Em nosso país, a gaseificação da sidra é predominantemente artificial.

Coquetéis preparados com sidra: *geralmente batidas de frutas.*

Destilados

UM POUCO DE HISTÓRIA

Uma das grandes diferenças entre os fermentados e os destilados é o teor alcoólico e, consequentemente, a possibilidade de compactar maior quantidade de álcool em recipientes menores. Os destilados foram altamente consumidos em épocas de depressão, dificuldades econômicas e doenças em diferentes partes do mundo. Diferentemente dos fermentados, que são mais amenos e podem ser consumidos em maior escala sem causar severa embriaguez, os destilados são muito mais potentes e acabam por gerar a embriaguez com menor volume de líquido ingerido. A partir dos destilados, começaram as grandes crises de alcoolismo em diferentes partes do mundo, porém não foi a partir do zelo da saúde pública que apareceram as ações proibicionistas. (Reis, 2015)

CACHAÇA

A cachaça, que hoje é reconhecida como genuinamente brasileira e que passa por uma fase de valorização, é fruto de uma série de iniciativas e programas de melhorias de qualidade dos produtos e dos processos realizados pelo setor, que visam recuperar a imagem que por muitas décadas ficou prejudicada. A desvalorização da cachaça só começou a mudar no início da década de 1920, quando a Semana de Arte Moderna resgatou os valores e símbolos nacionalistas. Outra iniciativa que contribuiu para a valorização da bebida foi o Decreto de Bebidas nº 6871/2009, em que consta a proteção da propriedade dessa denominação:

> *Cachaça é a denominação típica e exclusiva da aguardente de cana produzida no Brasil, com graduação alcoólica de trinta e oito a quarenta e oito por cento em volume, a vinte graus Celsius, obtida pela destilação do mosto fermentado do caldo de cana-de-açúcar, com características sensoriais peculiares, podendo ser adicionada de açúcares até seis gramas por litro. (Brasil, 2009)*

Praticamente todos os estados brasileiros processam a cana-de-açúcar para a produção de cachaça, e estima-se que 45% dessa produção esteja concentrada no estado de São Paulo (Governo do Estado de São Paulo, 2018). De acordo com dados do Instituto Brasileiro da Cachaça (Ibrac), São Paulo tem uma capacidade produtiva instalada de 1,2 bilhões de litros por ano e cerca de 4 mil marcas de bebidas registradas, sendo responsável pela geração de mais de 600 mil empregos, diretos e indiretos. Esse instituto também aponta que a cachaça é a segunda bebida alcoólica mais consumida no Brasil, e o terceiro destilado mais consumido no mundo, embora as exportações atinjam apenas pouco mais de 1% da produção.

Cachaças podem ser envelhecidas em cerca de trinta tipos de madeiras diferentes e ainda serem misturadas para formar um novo blend ou corte. Dentre as madeiras, as mais comuns são: carvalho, amburana, amendoim, ararubá, freijó, bálsamo, cabreúva, cedro, ipê, jequitibá e peroba, entre outras. Esse é um grande diferencial para a cachaça, que resulta em um amplo espectro de aromas e sabores. Sua versatilidade é única. Pode ser bebida pura, com gelo e em coquetel, antes, durante ou após as refeições.

- Cachaça
- Gelo
- Limão taiti
- Açúcar

CAIPIRINHA

Coquetéis preparados com cachaça:
Caipirinha, Rabo de Galo, Caju Amigo, etc.

UÍSQUE, WHISKY OU WHISKEY

As Denominações de Origem reconhecidas internacionalmente dos uísques, como Scotch Whisky, Canadian Whisky, Irish Whiskey, Bourbon e Tennessee Whiskey, entre outras, definem as particularidades de produção e as características de cada um desses uísques.

Muitos fatores influenciam suas características, como o tipo de cereal a partir do qual é produzido, as leveduras, o local de descanso, o envelhecimento, a idade, etc. Os principais cereais utilizados em sua elaboração são o milho, o centeio, a cevada e o trigo. O uísque é classificado de acordo com a forma pela qual é obtido, podendo ser:

☐ UÍSQUE ESCOCÊS/SCOTCH WHISKY (SEMPRE ESCRITO SEM O "E")

PURO MALTE (MALT WHISKY): produzido com cevada maltada, água e leveduras de uma única destilaria. Podem ser oriundos de cinco regiões da Escócia, sendo que cada uma é famosa por conferir determinadas características aos uísques, como malte, sabor frutado, frescor e aroma defumado.

UÍSQUE DE CEREAIS/GRÃOS (GRAIN WHISKY): geralmente as principais matérias-primas são o trigo e o milho. Costuma ter aromas e sabores mais suaves que os de puro malte e geralmente é utilizado para mistura. A bebida pode ser destilada em qualquer lugar da Escócia.

CORTADO OU BLENDED: elaborado a partir da mistura de uísques puro malte e/ou uísques de grãos para a obtenção de bebidas que mantêm suas propriedades ao longo do tempo. Os blended uísques podem ter 8, 12, 15 ou 18 anos. A idade do uísque é uma informação importante e já foi um sinônimo de *status*, mas hoje cada vez mais a indústria dá menos importância aos anos de seu uísque e foca em outros aspectos que determinam a qualidade ou o momento ideal para consumo. A idade indicada no rótulo é uma ferramenta de classificação e refere-se à idade do uísque mais jovem que compõe o corte ou o blend. Só pode ter a denominação de scotch se for completamente destilado e maturado na Escócia por no mínimo três anos.

☐ UÍSQUE IRLANDÊS/IRISH WHISKEY (SEMPRE ESCRITO COM "E"):
podem ser produzidos com grãos de cereal maltado e devem envelhecer em barris de madeira por no mínimo três anos. Não costumam ter notas de aromas defumados, pois geralmente são produzidos sem turfa.

☐ UÍSQUES AMERICANOS/AMERICAN WHISKEY:
produzidos em todo território americano, apresentam diferentes características, de acordo com as matérias-primas de origem e métodos de

produção. A legislação brasileira, por meio do decreto nº 7.968, de 26 de março de 2013, modificou trechos do Decreto de 4 de junho de 2009 para constar que o uísque será denominado de "bourbon whisky, bourbon whiskey, tennessee whisky ou tennessee whiskey, quando for produzido nos Estados Unidos da América de acordo com a sua legislação".

BOURBON: produzido no distrito de Bourbon, no estado americano de Kentucky, pode ser feito de grãos maltados, sendo predominante a presença do milho, tanto para o tipo Straight como para o Blended.

TENNESSEE WHISKEY: semelhante ao Bourbon, mas a filtração é feita com carvão após a destilação. Necessariamente, deve ser produzido no estado do Tennessee.

UÍSQUE DE CENTEIO/RYE WHISKEY: na mistura de grãos maltados necessários para sua elaboração, deve predominar o centeio.

- Bourbon whiskey
- Suco de limão
- Clara de ovo
- Xarope de açúcar

WHISKEY SOUR

Coquetéis preparados com uísque:
Manhattan (Dry ou Perfect), Old Fashioned, Rob Roy, Whiskey Sour.

VODCA

As vodcas são produzidas a partir de uma infinidade de grãos e vegetais, como batatas, beterraba e até cana-de-açúcar. É uma bebida destilada e retificada, obtida de álcool etílico ou destilados alcoólicos simples, seguidos ou não de filtração em carvão ativo para diminuir as características da matéria-prima original, podendo ser aromatizada e adicionada de açúcares até 2 g/L. A sua versatilidade é enorme, por conta do seu caráter neutro e incolor. É certamente uma das bebidas que mais ousa, constantemente desbravando o mercado com produtos inusitados, apresentando além da versão tradicional e de sabores de frutas, outros sabores criativos.

- Sal, pimenta e molho inglês
- Suco de limão
- Vodka
- Suco de tomate

BLOODY MARY

Coquetéis preparados com vodca:
Bloody Mary, Black Russian, White Russian, Screwdriver, Vodkatini, Sex on the Beach, Cosmopolitan.

GIM

O gim, assim como a vodca, é uma bebida destilada e retificada, elaborada a partir da odorização do álcool etílico com flavorizantes naturais, tendo sabor predominante de zimbro, mas podendo conter também coentro, angélica, funcho e cardamomo, além de ervas, raízes e outros cereais. Os maiores produtores são a Inglaterra e a Holanda, entretanto, recentemente a produção nacional de gim ganhou destaque. Os principais tipos são: London Dry Gin (mais seco e de procedência inglesa), Old Tom Gin (levemente doce e de procedência americana), Genebra (menor teor alcoólico e de procedência holandesa).

Vermute seco

Gin

DRY MARTINI

Coquetéis preparados com gim:
Dry Martini, Gibson, Gin Fizz, Gin Sour, Negroni, além de gins-tônicas.

RUM

O cultivo de cana-de-açúcar em diferentes países contribui para a produção e o consumo de rum em lugares como Caribe, América Central e do Sul, Índia, Filipinas, Austrália e África do Sul. Apesar de sua origem estar associada ao Caribe, não há registros de proteção de definição de origem, como acontece com bebidas como a tequila, do México, e a cachaça, do Brasil. A principal diferença no processo de produção entre a cachaça e o rum, ambos produzidos com cana-de-açúcar, é que o rum é feito com o caldo cozido da cana, o melaço, enquanto a cachaça é feita a partir do suco fresco da cana-de-açúcar, a garapa, conhecido também como caldo de cana.

Club soda
Hortelã
Rum
Suco de limão
Açúcar

MOJITO

Coquetéis preparados com rum:
Mojito, Daiquiri, Pinã Colada, Cuba Libre, Mai Tai.

TEQUILA

A tequila, originária do México, é certamente a bebida mais conhecida do país e tem a proteção de uma Denominação de Origem. Produzida exclusivamente a partir de agave, possui duas categorias: tequila 100% de agave e tequila (agave e açúcar). Para cada uma delas, há diferentes classes, cada uma com sua especificidade: Tequila Branca, Tequila Jovem ou Ouro, Tequila Repousada, Tequila Envelhecida e Tequila Extraenvelhecida. Tradicionalmente, as tequilas são consumidas com sal e limão, mas essa combinação pode mascarar as características de qualidade da bebida. Assim como os outros destilados, pode ser servida pura, com gelo ou em coquetéis.

— Suco de limão
— Cointreau
— Tequila

MARGARITA

Coquetéis preparados com tequila:
Margarita, Tequila Sunrise.

OUTROS DESTILADOS

A partir da destilação de um vinho são elaboradas bebidas como o Cognac e o Armagnac (França), o Brandy de Jerez (Espanha), o Pisco (Peru e Chile) e o Singani (Bolívia). O perfil sensorial de cada um desses destilados deve refletir o aroma e o sabor dos elementos naturais do vinho que os originou. A Grappa (Itália) e a Bagaceira (Portugal) são bebidas obtidas a partir da destilação do bagaço da uva. Tradicionalmente, são consumidas como digestivas após as refeições, porém atualmente essas bebidas servem como aperitivos, podendo ser utilizadas em uma infinidade de coquetéis e na composição de pratos e de molhos clássicos.

ALEXANDER
- Noz moscada, creme de leite
- Creme de cacau
- Brandy

Coquetéis preparados com destilados de vinhos:
Alexander (Cognac), Pisco Sour (Pisco), French Connection (Brandy).

Bebidas compostas

VINHO COMPOSTO

Vinho composto é a bebida elaborada pela adição de macerados ou concentrados de plantas amargas ou aromáticas, substâncias de origem animal ou mineral, álcool etílico, açúcar e caramelo ao vinho de mesa, com teor alcoólico de 14% a 20%. O consumo de vinhos compostos também faz parte da cultura brasileira: alguns, como a jurubeba, certamente ocorrem em ocasiões festivas, bares e baladas; outros, como os vermutes, além de serem consumidos puros, são essenciais para o preparo de inúmeros coquetéis. Vermutes podem ser brancos, rosados, tintos ou ainda amargos, meio secos, suaves ou doces, além de aromatizados com diversos condimentos, como laranja e baunilha, entre outros.

NEGRONI
- Vermute tinto
- Campari
- Gin

Coquetéis preparados com vermute:
Manhattan, Dry Martini, Gibson, Negroni, Rob Roy.

BITTER

Os bitters (amargo, em inglês) também são bebidas compostas elaboradas a partir da maceração de raízes, cascas de árvores e frutas em álcool etílico. Por serem bem amargas, como o próprio nome diz, costumam fazer parte de coquetéis, como base (Bitter com Soda, Bitter Gin), como ingredientes ou consumidas como digestivos. Exemplos de marcas de bitters: Campari, Fernet, Underberg, Angostura.

Coquetéis preparados com bitters:
Manhattan, Negroni.

LICOR

Os licores são produzidos no mundo todo. No Brasil, é a bebida com graduação alcoólica entre 15% e 54%, e um teor de açúcar superior a 30 g/L, produzido com álcool etílico ou destilado alcoólico simples, adicionado de extratos vegetais ou animais, substâncias aromatizantes, saborizantes, corantes e outros. Licores podem ser secos, finos/doces, cremosos ou cristalizados. Dependendo da composição, podem ser consumidos como aperitivos, digestivos ou fazerem parte de coquetéis ou de receitas culinárias, sobretudo sobremesas. São exemplos de marcas de licores: Benedictine, Cointreau, Amaretto, Curaçao.

Coquetéis preparados com licor:
muitos!

Não alcoólicos

REFRIGERANTES

O crescimento do consumo de refrigerantes é uma das repercussões da Lei Seca americana (1920-1934). Assim, ganharam espaço e conquistaram milhões de consumidores mundo afora, especialmente a coca-cola. Durante a Segunda Guerra Mundial, foram instaladas fábricas de engarrafamento e fontes de bebidas gasosas nas bases militares, tornando a coca-cola uma bebida universal, pois já havia enfeitiçado o paladar dos soldados americanos, que levaram o refrigerante para o mundo todo. Segundo Standage (2005), a coca-cola substituiu não só o café como bebida social, mas também as bebidas alcoólicas, pois era considerada adequada para consumo em todas as horas do dia, e associada à alegria e à família. A bebida que hoje é consumida em escala mundial também ajudou a disseminar, por exemplo, a figura do Papai Noel como um homem velhinho, de bochechas rosadas e que distribui presentes a crianças, por volta de 1930, mesma época em que a empresa passou a divulgar largamente seu produto sendo consumido pelo personagem. A coca-cola é somente um exemplo da importante indústria do refrigerante, que também apresenta quase que unanimemente seus produtos vinculando imagens de pessoas em cenas comuns de diversão e alegria. É nesse cenário que cabe inserir a importância de algumas bebidas não alcoólicas fundamentais no contexto histórico e sua relação com a hospitalidade. Atualmente, a produção de refrigerantes com apelo saudável é crescente e um importante produto para atender às necessidades dos clientes.

Suco de limão
Refrigerante tipo cola
Gelo
Rum

CUBA LIBRE

Coquetéis preparados com refrigerantes:
Cuba Libre, Hi-Fi.

CAFÉ

O café faz parte do costume dos brasileiros, que o consomem logo ao acordar e durante todo o dia. A cafeína é alvo de inúmeros estudos científicos que desvendam seu lado positivo e também o lado negativo. Os conhecidos efeitos da cafeína no café também fazem que a bebida seja consumida por conta de seus atributos. As pessoas associam o café como bom para se manter acordado, para fazer exercícios e até para cortar a "bebedeira", ainda que sem fundamento. Porém, também é considerado vilão, se consumido em excesso.

Com importância histórica, social e cultural para os brasileiros, o hábito do cafezinho servido nas refeições também contribuiu para a construção de fábricas, para a miscigenação racial e para a dominação de partidos políticos, que derrubaram a monarquia e aboliram a escravidão. Atualmente, o café continua sendo a bebida consumida quando as pessoas se concentram para debater, desenvolver e trocar ideias e informações, sem o risco da perda do autocontrole, associada ao álcool. O café continua, hoje, a ser um dos produtos mais importantes para o Brasil.

O país é um importante produtor e exportador de cafés no mercado mundial. As duas espécies de café mais representativas economicamente são a arábica, que é a maior parte da produção mundial, e a canephora, conhecida por ser robusta. Assim como qualquer produto agrícola, a qualidade do café depende de fatores como a condição do solo e do clima, do volume de produção, da resistência a pragas e do rendimento, entre outros fatores. Os cafés podem ser preparados por meio de uma infinidade de métodos, como: filtro de papel ou coador de pano, cafeteira italiana ou moka, prensa francesa, globinho, chemex, aeropress, hario V60, café turco, espresso. Hoje, não só cafeterias especializadas têm cartas específicas de cafés, como também muitos restaurantes e bares com cafés de qualidade e até certa diversidade para atender os clientes, já que essa bebida pode ser consumida pura, com leite, em diversos coquetéis e preparações culinárias. O café pode ser servido curto, normale, carioca, ristretto, doppio correto, romano, panna, entre outros. Combinado com leite, pode ser chamado de café macchiato, latte, latte macchiato, lacrima italiana, cappuccino, mocha. Há ainda os cafés descafeinados que não podem deixar de ser considerados em estabelecimentos de alimentos e bebidas.

- Creme de leite
- Café quente
- Irish Whiskey
- Açúcar

IRISH COFFEE

Coquetel preparado com café:
Irish Coffee.

Figura 2
VARIAÇÕES DE CAFÉ

AMERICANO	CAFÉ LATTE	CAPUCCINO
ÁGUA QUENTE / ESPRESSO	ESPUMA DE LEITE / LEITE VAPORIZADO / ESPRESSO	ESPUMA DE LEITE / LEITE / ESPRESSO

CHÁ

Os chás, por sua vez, assim como os cafés, também podem ter cafeína, e tradicionalmente consumimos essa bebida por seus "poderes" medicinais ou de cura. Chá de camomila acalma, é bom para relaxar. Chá de gengibre, ótimo para emagrecer. Chá de boldo, para curar a ressaca. Mas, atenção: as pessoas ainda se referem a chás e infusões como sendo a mesma coisa, mas existe uma diferença técnica entre eles. Assim como muitas outras bebidas, inicialmente o chá era consumido por suas propriedades medicinais e por representar uma fonte segura de hidratação. Registros apontam sua origem na China, por volta de 2.700 a.C., porém as técnicas de moagem das folhas aparecem somente entre 960 e 1279 d.C., e sua infusão e criação de acessórios surge mais tarde, entre 1368 e 1644 d.C. (Dattner, 2011). A partir do século XVII, o segredo da cultura do chá é disseminado no Ocidente, onde prevalece até hoje, associado a rituais e à sociabilidade.

O chá é a infusão obtida a partir de folhas de *Camellia sinensis*, verdes ou fermentadas. Os mais conhecidos são o chá verde, o amarelo, o branco, o oolong, o vermelho, o preto e o pu-erh. A bebida obtida a partir de outras ervas, popularmente chamada de chá, na verdade é uma infusão. É importante que profissionais de alimentos e bebidas tenham esse conhecimento, mas não é adequado corrigir o cliente que peça, por exemplo, um chá de camomila ou um chá de hortelã. Basta saber a diferença e servir a bebida, respeitosamente.

Ao longo da história, existiram inúmeras bebidas que desapareceram, conforme aponta Santos (2011, p. 269): "temos notícias de fermentados como o bojah, da Índia; do chang, do Tibet; do merissa, do Sudão; do pombé, do Congo; do coubij, da Etiópia; e de vários outros desaparecidos". Além disso, também é importante considerar que existem muitas bebidas tipicamente consumidas em diferentes regiões do mundo, mas que não são comercializadas em escala global, sendo, portanto, consumidas apenas no local de origem. É o caso também das inúmeras bebidas regionais brasileiras, que igualmente são desconhecidas da maioria da população, conforme elenca o antropólogo Raul Lody (*apud* Januário, 2010): aluá (fermentada a partir da casca de abacaxi, milho triturado e arroz); cajuína (bebida não alcoólica obtida a partir do suco do caju); chibé (feita com água e farinha de mandioca processada); chimarrão e tereré (bebidas não alcoólicas provenientes da erva mate); extrato de açaí (bebida não alcoólica obtida a partir de palmeira comum no estado do Pará); gengibirra (bebida à base de gengibre e obtida por meio do mesmo processo industrial de fabricação do refrigerante); guaraná Jesus (refrigerante típico do Maranhão, que foi comprado pela Coca-Cola em 2001).

Para profissionais de serviços de alimentos e bebidas, em geral, e também para supervisores, é fundamental saber o momento certo de serviço de cada produto oferecido ao cliente, pois impacta diretamente na experiência do comensal. O nível de especificidade de cada bebida é imenso e compete aos especialistas (sommeliers, bartenders e baristas) dominarem o assunto. Desde o final da década de 1980 existem no Brasil diversos cursos relacionados a bebidas, tornando possível o desenvolvimento constante dos profissionais, mas também dos consumidores. Ao supervisor, é importante que tenha noção sobre o segmento como um todo, tendo consciência de que se trata de um tema rico e complexo, que cada bebida tem seu valor e sua especificidade, e que é sua função ser um facilitador, zelando pela qualidade do serviço e buscando soluções para o estabelecimento em que trabalha, sem ser escravo de supostas regras.

CAPÍTULO 5

Supervisão de processos de alimentos e bebidas

A gestão de um estabelecimento ou do setor de alimentos e bebidas precisa de olhares diversos para um completo entendimento de sua operação, o que não é nada fácil, considerando a quantidade de parênteses que se abrem frente às demandas de tratativas com clientes, fornecedores, equipes de trabalho e todos os desdobramentos operacionais vistos até agora.

Além das relações que fazem girar a estrutura de um estabelecimento, é preciso considerar ainda a quantidade de fluxos e informações que são fragmentadas para cada área, mas quando unidas são a base para a tomada de decisões e direcionamentos operacionais, além de serem o pano de fundo para a execução de todos os contextos do serviço.

Em suma, pode-se dizer que, na operação, existe a necessidade de ter integrantes que exerçam uma função mais estratégica, que tenham sob seu alcance a dimensão do todo para tratar e preparar as informações e só então disparar para a operação o que compete a cada função. Nesse contexto, vale ressaltar que o supervisor não é o responsável financeiro pela empresa, ainda que contribua para os resultados. Não cuidará da gestão contábil (fluxo de caixa) ou tomará decisões financeiras do negócio. Sua atuação se dá no âmbito da operação, podendo ser de sua alçada as decisões que tenham impacto financeiro na operação, como compras, custos e vendas.

A mesma questão se dá nos aspectos que se desdobram das legislações aplicadas, ao implantar um negócio de alimentos e bebidas. Muitas das diretrizes são realizadas e garantidas pelo supervisor, porém desde que orientadas pelo proprietário ou diretor e por profissionais devidamente regulamentados, como os contabilistas ou os nutricionistas. O Sebrae alerta para as exigências legais quando da abertura de uma empresa nesse setor, apresentando em seu website as exigências legais e específicas para empreender na área.

Na gestão operacional devem ser aplicados esforços e controles. Esses são os parâmetros por meio dos quais o desempenho do supervisor, dos chefes de departamento e de toda a equipe serão avaliados. A operação de alimentos e bebidas tem suas características próprias, diferente de outros negócios. Lidar com equipes multidisciplinares não é tão simples e, além disso, deve-se garantir eficiência para ganhar em custos, considerando que os estoques têm curto prazo de validade.

Os processos de gestão operacional, em sua maioria, são documentados por planilhas, relatórios, comprovantes e demais evidências que possam contribuir para a transparência dos processos e o cruzamento de informações, uma vez que são muitos os fazeres e os indicadores a serem avaliados na operação. Esse procedimento também assegura que, quando o supervisor estiver nos momentos de pico de atendimento, com foco de atenção ao cliente, a operação se manterá nos trilhos, sem depender de sua presença. Assim, é necessário que o profissional que esteja à frente dessa operação tenha mecanismos para contrapor informações e a certeza de que, mesmo em sua ausência, os processos e, principalmente, a qualidade estejam garantidos.

São essas ferramentas e indicadores que serão apresentados a seguir, ressaltando que são sugestões de modelos que podem ser implementados, tentando garantir a visualização dos processos, e podem ser alterados conforme demanda e necessidade de cada estabelecimento. Vale ressaltar também que não é a implementação de controles que garante sucesso e vendas, mas sim a forma como são gestionadas as informações obtidas.

Automação ou sistemas de gestão

Existem hoje sistemas operacionais que têm o intuito de subsidiar informações por meio de relatórios, listas e contracheques. Alguns funcionam muito bem, já outros apresentam falhas simples, mas que são capazes de produzir grandes erros. A aquisição de uso desses sistemas é feita por meio da compra de licenças e posterior pagamento mensal para garantir assistência. Alguns ainda cobram por visitas técnicas ou correções. Mesmo sendo um custo a mais, e nem sempre tão baixo, os estabelecimentos precisam ter sistemas que garantam ao menos o cumprimento de legislações fiscais. Essa é mais uma das demandas que não cabem ao supervisor, portanto recomenda-se que os estabelecimentos consultem seus contabilistas ou procurem Órgãos Legais de sua cidade.

Contudo, é importante que o supervisor tenha domínio de uso do sistema escolhido pelo estabelecimento para poder tirar o máximo proveito das informações disponíveis. Mesmo na escolha de um sistema robusto, que consiga gerar informações precisas, alguns pontos da operação ainda precisam ser cobertos de forma menos automatizada, e cabe ao supervisor reconhecer de quais informações ele e sua equipe necessitam para conduzir a operação.

A informação que sem dúvida é a mais valiosa dentro de um estabelecimento de alimentos e bebidas é o controle de vendas. Não tem como realizar uma gestão sem que se saiba o que e o quanto de um produto foi vendido. Parece desnecessário falar isso, porém a quantidade de locais que não têm nenhum tipo de registro dessa informação é altíssima. São inúmeros os casos de empreendimentos que têm gestão familiar e o comandante da operação é aquele que está há muitos anos à frente do negócio, e jura que nunca foi necessário nenhum tipo de controle. Porém, é importante ressaltar que o registro de vendas é hoje obrigatório por lei, por meio da emissão de cupons fiscais.

São as informações geradas pelas vendas que subsidiarão a maioria dos controles e são a base para mensurar o desempenho das equipes. Também do consumo dos produtos derivam as compras, os custos fixos e variáveis e os custos de equipes. A proporcionalidade é a regra. Quanto mais se vende, mais custos se tem. A questão é conseguir chegar na equação: **MAIS VENDAS > CUSTOS EQUILIBRADOS > MAIORES GANHOS**. Mas, para isso, é imprescindível o controle, que nesse caso é obtido mensurando-se os itens vendidos.

Caso não seja possível o uso de sistemas, por alguma ocasionalidade ou falha, é importante que o restaurante/bar tenha a seu dispor meios para realizar esse controle. Quando se utilizam comandas, elas podem servir como registro. Nesse caso, devem ser preenchidas em duas vias: uma para o setor (cozinha ou bar) e outra para o caixa – sendo então usadas para registro. Nos estabelecimentos onde não há uso de comandas, alguém da equipe deve ser destacado para efetuar o controle manual, venda a venda, garantindo que nada passe sem ser devidamente anotado. Mas, novamente, essas são situações paliativas para serem usadas em casos excepcionais, e não como rotina. Os sistemas de gestão, por mais simples que sejam, são muito eficientes nesse sentido.

Indicadores operacionais

Indicadores são medidas que vão mostrar como a empresa se comporta em relação a determinados fatores. A seguir serão relacionados e explicados os indicadores mais importantes para que se possa realizar uma análise sobre a operação. Esses indicadores devem ser utilizados conforme entendimento da necessidade de cada caso.

É imprescindível que a análise seja feita de forma linear e por períodos iguais. Não se deve comparar dados referentes a um período da operação, como o almoço, por exemplo, com dados coletados referentes a períodos maiores, como os dados da semana ou do mês. Ao comparar meses consecutivos, é preciso atentar o comportamento de consumo, que tende a mudar por conta de situações como feriados, estações do ano e até datas comemorativas ou férias. É prudente fazer o comparativo do mês do ano vigente com o mesmo mês do ano passado (ex: fevereiro de 2017 com fevereiro de 2018). Já para análises semanais, pode-se usar a prerrogativa da consecutividade, resguardando situações que fujam da normalidade, como intempéries, eventos pontuais ou situações específicas.

Esses indicadores contribuem para entender como uma operação pode se traduzir em números, sendo possível, por meio deles, realizar análises e criar estratégias.

TICKET MÉDIO OU COUVERT MÉDIO – é o valor que um cliente gasta na casa, em média. Claro que alguns clientes gastam mais e outros menos, mas a média é a mensuração proporcional ao todo. Esse indicador pode ser usado para medir o gasto do cliente por turnos ou por período (dia, semana, final de semana, mês, etc.), dependendo da análise que se quer. É calculado da seguinte forma:

Valor total das vendas de um determinado turno, dividido pela quantidade de clientes do mesmo turno

$$\text{Ticket Médio (TM)} = \text{receita} / \text{n}^{\circ} \text{ de pax}$$

Exemplo: o valor total de vendas do dia 2 de fevereiro foi R$ 4.284,00 e foram atendidas 90 pessoas:

TM= 4.284,00 / 90

TM = R$ 47,60

Significa que cada pessoa que consumiu naquele turno gastou em média R$ 47,60.

Esse indicador ajuda a entender o comportamento de compra dos clientes. Se aplicado diariamente, pode-se perceber quais são os dias em que os consumidores tendem a gastar mais. Em bares e restaurantes com apelo maior de lazer, é comum que o ticket seja maior nos finais de semana; já em locais com apelo mais comercial, é no início do mês que o ticket se eleva. Esse mesmo índice pode ser calculado separadamente para comida e bebida, e sua análise também pode contribuir para uma análise de itens de cardápio que o público-alvo almeja.

ROTATIVIDADE – é a quantidade de vezes que o restaurante ou bar ocupa seus assentos em um turno/período:

Número de pessoas que consumiram no local naquele período dividido pelo número de assentos da casa

Rotatividade (R) = nº pax / nº de assentos

Exemplo: em 2 de fevereiro tivemos 90 pessoas e o restaurante tem 70 lugares:

R= 90 / 70

R= 1,28

Significa que, naquele período do dia, o restaurante lotou uma vez por completo e mais 28% da sua capacidade (equivalente a 20 lugares).

Isso não quer dizer que 70 pessoas chegaram simultaneamente, sentaram-se e consumiram ao mesmo tempo, e depois mais 20 chegaram. Significa, sim, que naquele turno de atendimento pessoas naturalmente chegaram e saíram em horários diferentes, e o restaurante teve 128% da sua capacidade sendo ocupada.

Esse número tende a ser maior em restaurantes comerciais, como os que atendem em sistema de self-service ou por quilo, nos quais as pessoas têm o tempo de consumo menor: esses podem "rodar" de duas a quatro vezes sua capacidade. Já em estabelecimentos com foco em serviços mais requintados ou bares, a tendência é que a casa atinja no máximo 100% da ocupação, pois as pessoas tendem a permanecer por mais tempo. Nesta situação, seriam apenas 70 lugares ocupados.

Este é um bom índice para entender o fluxo operacional e quais tipos de melhorias em termos de estrutura ou redimensionamento de serviço podem ser feitos.

CONSUMO DE ITENS *PER CAPITA* OU PENETRAÇÃO – percentual de consumo de um produto, ou seja, a definição de quanto um produto específico é consumido em relação ao público e em determinado período:

Número de pessoas que consumiram no local naquele período dividido pelo número de assentos da casa

$$\text{Rotatividade (R)} = n^\circ \text{ pax} / n^\circ \text{ de assentos}$$

Exemplo: no dia 2 de fevereiro foram vendidas 250 cervejas e foram atendidos 90 clientes:

$$PC = 250 / 90$$

$$PC = 2,7$$

Isso quer dizer que, em média, uma pessoa consumiu 2,7 cervejas naquele dia.

O consumo *per capita* pode ser feito em períodos maiores, como semanas ou meses, tudo depende da análise que se quer fazer. Esses números ajudam a comparar o perfil de consumo entre os mesmos meses de anos diferentes, por exemplo, ou entre períodos do dia, e assim entender quando se tem maior consumo.

Também facilitam o entendimento da operação no que se refere a esforços de vendas. Quando se tem uma queda nas vendas, é possível mensurar quais os produtos foram mais atingidos. Mais uma questão que pode ser facilitada quando se tem o valor do consumo *per capita* são as estimativas de compras. Conhecendo a média de consumo de determinado produto e com uma estimativa da previsão de número de clientes, pode-se chegar a uma quantificação:

Estimativa de público X valor do consumo *per capita*

$$\text{Quantidade} = n^{\underline{o}} \text{ pax} \times PC$$

Exemplo: sabemos que o consumo per capita médio de cerveja é de 2,7 e temos uma previsão de 120 pessoas no almoço em 2 de fevereiro:

$$\text{Quantidade de cerveja} = 120 \times 2{,}7$$

$$\text{Quantidade de cerveja} = 324$$

Significa que tenho a previsão de vender nesse período 324 unidades de cerveja.

PREVISÃO DE PÚBLICO

Este é um dos fatores mais difíceis de serem estimados, uma vez que um estabelecimento de alimentos e bebidas tem portas abertas ao público, e geralmente a pré-venda restringe-se apenas às reservas em ocasiões especiais. Pode-se ter uma estimativa considerando alguns pontos:

☐ Histórico de público do mesmo período no ano anterior;

☐ Histórico de público na semana anterior;

☐ Ações promocionais e de divulgação;

☐ Previsão do tempo (chuvas, temperaturas muito baixas ou muito altas);

☐ Mudanças no horário de atendimento (os clientes esperam certa regularidade nesse quesito).

Com o passar do tempo, os estabelecimentos começam a apresentar uma certa regularidade, permitindo que a previsão de compras, que o dimensionamento de equipes e que a estrutura sejam pensados de forma mais assertiva. Mesmo assim, é aconselhável que se trabalhe com certa margem em termos de produção e estoque, para garantir que, caso algo inesperado aconteça, tenha segurança na operação. É comum que alguns estabelecimentos trabalhem com 20% a mais, outros com 10%. Tudo depende de como a operação se dá. No exemplo relacionado ao consumo de itens *per capita*, teríamos as 324 cervejas acrescidas em mais 10% ou 20% de sua quantificação como margem de segurança.

Ferramentas de controle operacional

As chamadas ferramentas de controle são instrumentos, como planilhas e relatórios, criados para gerir as ações e aliados aos indicadores, para suportar algumas tomadas de decisão. Além disso, têm também a função de padronizar processos e fluxos, a fim de garantir a continuidade das ações, independentemente de quem a coloque em prática ou de quem a gerencie.

Também estabelecem parâmetros para que as brigadas possam ser capacitadas em relação aos padrões do estabelecimento, sem que se perca a identidade quando há uma troca de equipes ou de seus integrantes. Novamente, é preciso destacar que não são essas as únicas ferramentas, modelos e itens a serem padronizados. São sugestões de pontos-chave que merecem um monitoramento rotineiro, a fim de garantir a operação e sua transparência.

FICHAS TÉCNICAS DE ALIMENTOS E DE BEBIDAS (FT'S)

Na operação de cozinha e bar, faz-se necessária a adoção de parâmetros, considerando-se a quantidade de processos que englobam suas ações e a manutenção da qualidade, garantindo que padrões sejam alcançados.

Do ponto de vista do cliente, existe uma expectativa de que sempre que ele pedir um prato ou uma bebida, este item será entregue de acordo com a descrição em cardápio ou carta, conforme a última vez que pediu, e que o sabor permaneça como ele já conhece. O cliente não quer entrar em seu bar ou restaurante favorito e encontrar cada dia as preparações sendo servidas de forma diferente.

Para garantir esse e outros pontos, a ficha técnica é o instrumento que norteia a operação da cozinha e do bar e contribui para a fluidez da informação entre todos os envolvidos no processo.

Pode-se então explicar a ficha técnica como o receituário dos itens que compõem cartas e cardápios. São tabelas que contemplam os ingredientes, sua quantificação, rendimento e, principalmente, o modo de preparo e apresentação.

É por meio da ficha técnica que a precificação é feita, afinal, tem-se a quantidade de ingredientes por preparo, e assim pode-se chegar ao custo exato e à quantidade que cada um desses ingredientes representa naquela preparação.

A ficha técnica também pode ser usada como um instrumento que auxilia no controle de estoque, no pedido de compras e na mensuração da quantidade de ingredientes usados em determinado período, mas para isso é necessário que se tenha disponível a quantificação das vendas.

A utilização da ficha técnica pela cozinha e pelo bar é muito mais operacional do que administrativa, portanto o formato em que se apresenta deve ser definido pelo chef de cozinha e pelo chefe de bar, uma vez que são estes profissionais que melhor entendem as necessidades de seus departamentos e de suas brigadas.

Independentemente se serão tabelas ou descritivos, o importante é que as informações da carta e do cardápio estejam de alguma forma documentadas na operação para a garantia de padrão, afinal, as preparações não podem ser alteradas só porque um cozinheiro ou um bartender faltou ou foi substituído.

De maneira geral, é muito comum que tabelas sejam construídas, conforme exemplo a seguir:

FICHA TÉCNICA

PREPARAÇÃO:

DATA:

Ingredientes	Quantidade bruta	Fator de correção	Quantidade líquida	Unidade de medida	Valor da unidade	Custo unitário	Percentual do custo
					R$	R$	%
					R$	R$	%
					R$	R$	%
					R$	R$	%
					R$	R$	%
					R$	R$	%
					R$	R$	%
					R$	R$	%

RENDIMENTO:

CUSTO TOTAL

CUSTO PORÇÃO

MODO DE PREPARO:

APRESENTAÇÃO:

Foto da produção finalizada

PREPARAÇÃO: nome do prato idêntico ao colocado no cardápio/carta, exceto se houver necessidade de tradução. Isso facilita muito a comunicação entre salão, bar e cozinha. Usar nomes diferentes no cardápio e na ficha técnica torna a operação pouco segura.

DATA: quando a produção foi criada ou alterada. Isso ajuda a manter o histórico do prato ou da bebida. Contudo, é recomendável que esse histórico fique arquivado, caso haja em algum momento necessidade de consulta.

INGREDIENTES: descrição do ingrediente, conforme necessidade.

QUANTIDADE BRUTA: quantificação do ingrediente em sua totalidade, sem contar as perdas. Exemplo: peso do alimento *in natura*, com casca, ossos e aparas.

FATOR DE CORREÇÃO: também chamado de "perda", é o percentual do alimento que será perdido em seu pré-preparo. Pode ser calculado considerando o peso do alimento *in natura* menos a quantidade perdida quando foi processado. Exemplo: 10 kg de abacaxis, após serem descascados, podem pesar, hipoteticamente, 8 kg. Esses 2 kg de cascas e coroas, transformados em percentual, são o fator de correção. Hoje, já são encontradas tabelas prontas com percentuais médios de perda. Entretanto, há uma preocupação crescente com o aproveitamento integral dos alimentos, o que muito contribui para a diminuição do desperdício.

QUANTIDADE LÍQUIDA: é a porção dos alimentos que se obtém após o pré-preparo. Ou seja, aplicando o fator de correção à quantidade bruta, chegamos à quantidade líquida. Trata-se da quantidade que realmente será usada na preparação.

UNIDADE DE MEDIDA: unidade em que se expressam as quantidades. Podem ser quilogramas, litros, porções, maços ou até unidades.

VALOR DA UNIDADE: valor em reais da unidade de medida, ou seja, o valor de 1 Kg, 1 litro, etc.

CUSTO UNITÁRIO: o custo proporcional à quantidade. Exemplo: se 1 kg de arroz custa R$ 3,00, o custo unitário de 0,200 kg será de R$ 0,60. Ou seja, este será o real custo de cada item.

PERCENTUAL DE CUSTO: mostra quanto percentualmente um determinado item representa em relação ao custo total da receita. Esta é apenas uma informação que facilita a identificação do item que tem maior custo, porém, para a operação, essa não é uma informação relevante, mas sim para os responsáveis por compras e precificação.

RENDIMENTO: especifica quantas porções uma receita rende. É sempre indicado que as fichas técnicas sejam dimensionadas para uma porção, pois isso facilita o cálculo para a produção. Ou seja, se for preciso fazer dez porções daquela preparação, basta multiplicar por 10. Em alguns casos, essa quantificação unitária não será possível, e é aí que se faz necessária a expressão de porcionamento.

CUSTO TOTAL: custo total da produção, considerando todas as porções.

CUSTO PORÇÃO: custo de cada porção.

MODO DE PREPARO: descrição detalhada de como preparar o prato ou a bebida. Em alguns casos, há necessidade de detalhar também quais equipamentos ou utensílios serão necessários.

APRESENTAÇÃO: usar foto da preparação já finalizada. Isso permite que a cozinha e o bar saibam como serão dispostos o alimento ou a bebida, a louça e a taça que serão usadas e até mesmo o porcionamento. Isso permite saber como um determinado prato ou bebida deve chegar ao cliente.

As fichas técnicas deverão ser impressas e sempre disponibilizadas para a brigada de cozinha e de bar. Podem ficar alocadas em pastas, mas sempre que possível é melhor que fiquem aparentes e que sejam de fácil acesso, assim o seu uso será mais efetivo.

Outro ponto é que, algumas vezes, informações como custos ou fator de correção podem não ser necessárias às brigadas. Algumas casas adotam fichas técnicas simplificadas para não causar dúvidas e facilitar seu uso. As informações como custo e fator de correção ficam limitadas ao acesso do chef de cozinha, chefe de bar e ao maître ou supervisor, por conta dos controles de custos operacionais, e aos cargos de administração financeira. O modelo a seguir adota essa linha.

FICHA TÉCNICA

PREPARAÇÃO:

DATA:

Ingredientes	Quantidade líquida	Unidade de medida	Apresentação
			Foto da produção finalizada

RENDIMENTO:

MODO DE PREPARO:

CHECKLISTS

Assim como as fichas técnicas, eles são usados com o intuito de padronizar as ações, comunicar quais são as necessidades ou garantir quesitos de segurança. São listas que organizam ações e tarefas a serem cumpridas, de forma rotineira e segura.

Os checklists devem ser aplicados em operações que exijam maior atenção de quem estiver executando a ação. Por exemplo, no momento do fechamento, quando um equipamento esquecido ligado pode representar um risco. Por isso a necessidade de dupla observação. Uma de quem executa a ação e outra de quem irá checar e reportar.

Os checklists geralmente são usados como forma documental dos processos, e por essa razão devem ser arquivados, a fim de haver a possibilidade de comparar esses documentos, quando necessário.

Podem ser apresentados à operação fisicamente (impressos) e, neste caso, recomenda-se que sejam arquivados em um único processo (podem ser encadernados ou colocados em pastas) ou em via digital (neste caso, para cada verificação é aconselhável que se crie um arquivo ou um documento novo).

Checklist de abertura e fechamento

Este tipo de checklist é usado para sinalizar quais as atividades devem ser feitas e registrar quem fez a devida checagem de seus *status*. O checklist pode ser realizado por um colaborador que tenha maior responsabilidade e reportado ao supervisor.

No caso de cada departamento ter um checklist, competirá ao supervisor revisar esses documentos realizados pelas equipes.

O modelo a seguir é um exemplo de checklist pensado na ação do supervisor de um estabelecimento, contando com os seguintes campos a serem preenchidos:

DATA EM QUE FOI REALIZADO O CHECKLIST: caso tenha se optado pela versão encadernada, tem-se aí um retrato do dia a dia do que foi feito ou não.

PERÍODO/TURNO: se o estabelecimento atende mais de um turno, identifica em que momento o checklist foi aplicado.

COLABORADOR: o nome será a referência em caso de dúvidas e, principalmente, se houver divergência de informação entre a abertura e o fechamento.

DEPARTAMENTO: as informações devem ser preenchidas de acordo com as áreas que esse estabelecimento coloca sob a responsabilidade do supervisor. Em alguns casos, serão somente as áreas relativas ao serviço e em outros podem ser acrescidos espaços como o bar, o lounge, os banheiros e as áreas externas, entre outras.

ATIVIDADES REALIZADAS: aqui devem ser listadas as atividades pertinentes ao período, como limpeza de mobiliário, higienização de utensílios, reposição de gêneros, etc. É imprescindível que essas atividades já estejam definidas e impressas nesses formulários, a fim de garantir que sejam realizadas e checadas.

STATUS: neste campo, o colaborador deve apontar como encontrou o resultado da atividade. Se tudo estiver correto, ele deve sinalizar de alguma forma. Caso a atividade não esteja realizada a contento ou caso tenha percebido alguma falha, quem realiza o checklist deve informar qual foi a ação tomada no campo "observações ou ações corretivas".

OBSERVAÇÕES OU AÇÕES CORRETIVAS: informar quais as medidas tomadas no caso de alguma inconsistência no processo e na abertura ou no fechamento, mesmo que seja a menção de já ter levado adiante a informação para instâncias superiores.

CHECKLIST DE ABERTURA/FECHAMENTO

DATA:

PERÍODO/TURNO: ☐ CAFÉ DA MANHÃ ☐ ALMOÇO ☐ JANTAR

COLABORADOR:

DEPARTAMENTO	ATIVIDADE REALIZADA	STATUS
Salão		
Banheiros		
Áreas externas		
Caixa		

OBSERVAÇÕES OU AÇÕES CORRETIVAS:

Checklist de manutenção

Tem a funcionalidade de elencar equipamentos e todas as questões estruturais, a fim de relacionar suas condições e periodicidade de manutenção.

A manutenção merece atenção especial. Mesmo entendendo que os equipamentos e a infraestrutura são caros e exigem cuidados específicos, ainda existe resistência por parte de empresários em entender a importância da manutenção preventiva – em alguns pontos inclusive sujeito a legislações, como no caso das questões sanitárias. A checagem pode ser feita pelos próprios colaboradores, e não necessita ser diária, dependendo do equipamento. A periodicidade pode ser definida conforme o fluxo e a especificidade da casa e dos itens em questão.

O registro pode seguir o modelo a seguir:

DATA: quando foi realizada a checagem.

COLABORADOR: quem realizou a atividade.

ÁREA: devem ser listadas todas as áreas e, principalmente, as que dão suporte ao atendimento. A cozinha e o bar podem ser analisados separadamente, dada a complexidade e especificidade de equipamentos, ou podem compor este documento.

INFRAESTRUTURA: listar todos os quesitos em relação à infra, como condição de portas, janelas, pisos, ralos, etc. Os itens já devem constar na lista impressos e apenas o *status* preenchido pelo colaborador.

MÓVEIS: mencionar em que condições estão as mesas, cadeiras, balcões, aparadores, entre outros. Os itens já devem constar na lista impressos e apenas o *status* preenchido pelo colaborador.

EQUIPAMENTO: não listar apenas os equipamentos – como geladeiras, fornos e outros – que possam ser utilizados nas áreas, mas itens como borrachas da geladeira, tomadas dos equipamentos, etc. É especialmente importante que se dê bastante atenção às tomadas, visto que muitas vezes são os equipamentos sucateados que causam danos e acidentes.

OBSERVAÇÕES OU AÇÕES CORRETIVAS: são os encaminhamentos dados diante das inconformidades.

CHECKLIST DE MANUTENÇÃO

DATA:

COLABORADOR:

ÁREA	INFRAESTRUTURA	*STATUS*	MÓVEIS	*STATUS*	EQUIPAMENTOS	*STATUS*
Salão						
Banheiros						
Áreas externas						

OBSERVAÇÕES OU AÇÕES CORRETIVAS:

Além dos checklists apresentados, podemos dizer que qualquer fatia da operação que demande atividades rotineiras ou que precisem ser devidamente documentadas podem ser gerenciadas por meio dessas ferramentas.

Alguns estabelecimentos implementam checklists como abertura de caixa ou recebimento de documentos, entre outros. Apenas deve-se tomar cuidado para que não se criem tantos documentos a ponto de inviabilizar sua implementação. Além disso, há os procedimentos operacionais padrão (POP), que são outro tipo de documento. Os POPs são descritivos de ações, passo a passo, para embasar a operação, em ações mais criteriosas e diferentes dos checklists.

LISTA DE COMPRAS

Trata-se de um processo que deve ser amplamente sistematizado para que se tenha garantia da efetividade, sem acarretar custos indevidos e sem que se tenha de fazer uso de equipamentos sucateados, para não inferir na qualidade do serviço e dos produtos.

Pode-se fazer uma alusão aos processos de compras como sendo a "carteira" do restaurante. É por onde o dinheiro sai, pois são altos os custos de compras. Erros cometidos aqui comprometem a saúde financeira da empresa e, principalmente, a operação.

Nem sempre é possível ter funcionários com dedicação exclusiva a essa função. Em estabelecimentos menores, o proprietário muitas vezes é quem se encarrega desse afazer, ou até mesmo o supervisor é quem o fará. Depende de como a estrutura está organizada.

A seguir estão listados alguns tópicos que devem ser observados ao se fazer uso de ferramentas criadas para o processo de compras. No desenvolvimento de uma tabela ou de uma lista de compras, deve-se considerar quem executa essa função, e também as seguintes questões:

- ☐ O indicador de consumo *per capita*, multiplicado pela previsão de público para itens sem preparo, como vinhos, cervejas, chocolate, etc.

- ☐ O histórico de vendas dos pratos, multiplicado pelas quantidades das fichas técnicas.

- ☐ O histórico de estoque médio: quando um determinado produto atinge o número X, que é o mínimo a se ter em estoque, esse produto deverá ser reposto. Essa média é alcançada com base no consumo dos últimos meses.

É importante lembrar que a lista de compras é um documento que subsidiará outros, portanto deve-se definir um modelo e implementá-lo a fim de gerar histórico, como no exemplo a seguir:

DATA: quando a lista foi gerada.

COLABORADOR: quem efetivamente preencheu a lista.

PRODUTO: descrição do produto a ser comprado.

QUANTIDADE SOLICITADA: quantidade demandada.

UNIDADE DE MEDIDA: muitas vezes uma unidade não se refere especificamente à quantidade. Por exemplo: uma unidade de garrafa de vinho não se refere a um litro, mas a 750 mℓ.

QUANTIDADE EM ESTOQUE: informar se há estoque de um determinado produto, e qual a quantidade. É também um artifício para que se façam contagens regulares no estoque.

REFERÊNCIA/OBSERVAÇÃO: caso haja alguma especificidade de produto ou marca.

CATEGORIAS: aqui podem ser agrupadas ou desmembradas conforme a necessidade de cada caso. Não há regras. As listas costumam ser separadas por setores, mas a categorização auxilia na identificação de possíveis fornecedores.

LISTA DE COMPRAS

DATA: _____

COLABORADOR: _____

PRODUTO	QUANTIDADE EM ESTOQUE	UNIDADE DE MEDIDA	QUANTIDADE SOLICITADA	REFERÊNCIA/ OBSERVAÇÃO
Categoria:	Estocáveis			
Categoria:	Material de limpeza			
Categoria:	Laticínios e embutidos			
Categoria:	FLV (Folhas, legumes e verduras) e frutas			
Categoria:	Bebidas			
Categoria:	Congelados			

COTAÇÕES

A quantidade de cotações que um estabelecimento de alimentos e bebidas realiza depende muito de quantas pessoas se envolvem no processo. É certo que quando isso está a cargo do dono ou do supervisor, nem sempre se terá tempo para realizar uma quantidade satisfatória de cotações e muito menos criar relações de parcerias com diversos fornecedores. Por isso a importância de se ter foco nesse processo. É dessa forma que se podem obter melhores resultados.

Quando há estrutura para isso, o ideal é que se realizem três cotações para cada item, com exceção de itens que são específicos e de alcance limitado.

É saudável do ponto de vista operacional e financeiro que não se criem amarras contratuais com determinados fornecedores, a não ser que esse benefício seja indiscutível. É mais proveitoso que se criem parcerias com fornecedores e que o processo do ganha-ganha seja o estipulado. Do contrário, uma das partes poderá sair perdendo.

ESPELHO DE COMPRAS

Como nem sempre quem compra é quem recebe, esse é um dos documentos de extrema importância para a operação. Um espelho de compras é um demonstrativo das etapas de uma compra.

Consta no espelho o que foi solicitado por determinados departamentos e o que realmente foi comprado. Caso haja divergências, elas deverão ser explicadas. Também constam os dados dos fornecedores, como nome, contato, forma de pagamento previamente acordada e forma de entrega.

Essa ferramenta serve para munir a operação, mais especificadamente quem recebe, e quais são os itens a serem comparados fisicamente quanto à quantificação e à forma de pagamento. No recebimento, é importante que quem recebe confira todas as informações – por exemplo, se a quantidade pedida pelo departamento é igual à solicitada ao fornecedor e igual à quantidade entregue (tudo deve ser contado, pesado e verificado na frente do entregador) e a quantidade constante na nota.

Por exemplo:

- O salão pediu 10 kg de manteiga para couvert.
- O comprador identificou um fornecedor que vende a caixa com 11 kg a um preço e condição de pagamento muito melhor. Ele efetiva a compra e sinaliza no espelho que serão entregues 11 kg, por questões financeiras, e especifica a forma de pagamento acertada com o vendedor.
- No dia do recebimento, o colaborador, munido do espelho de compras, verifica se o valor cobrado na nota está de acordo com a quantidade solicitada e se a forma de pagamento é a mesma.
- O colaborador que faz o pedido deve também pesar a caixa de manteiga para garantir que não há divergência, além de checar a data de validade do produto, integridade da embalagem e temperatura.

ESPELHO DE COMPRAS						
DEPARTAMENTO SOLICITANTE:						
COMPRADOR:						
DATA DE GERAÇÃO DO ESPELHO:						
FORNECEDOR:						
FORMA DE PAGAMENTO ACORDADA:						
Produto	Quantidade solicitada	Unidade de medida	Quantidade comprada	Unidade de medida	Justificativa	

RECEBIDO POR:

OBSERVAÇÕES:

DEPARTAMENTO SOLICITANTE: de onde saiu o pedido – cozinha, bar, administrativo, etc.

COMPRADOR: responsável por realizar a compra de fato. É com ele que eventuais dúvidas ou problemas serão resolvidos.

FORNECEDOR: quem fará a entrega. Aqui podem até ser colocados dados como contato, CNPJ ou outras informações que possam ser úteis à operação no momento do recebimento.

FORMA DE PAGAMENTO ACORDADA: especificar como será feito o pagamento, pois regularmente notas e boletos são entregues junto às mercadorias. Portanto, deve-se informar as datas de vencimento e condições.

QUANTIDADE SOLICITADA: quantidade demandada pelo departamento que fez o pedido. Informação proveniente da lista de compras.

QUANTIDADE COMPRADA: quantidade que foi acordada com o fornecedor.

JUSTIFICATIVA: caso haja divergência entre o pedido pelo setor e a quantidade acordada com o fornecedor.

RECEBIDO POR: indicar quem recebeu as mercadorias na operação.

OBSERVAÇÕES: caso haja algo a ser descrito, como divergência entre o que foi acordado com o fornecedor e o que foi entregue, ou problemas com notas e recebimento.

Este documento devidamente preenchido é devolvido ao setor de compra ou financeiro, com as notas, boletos e/ou demais documentos para comprovar o devido recebimento ou não de mercadorias.

CONTROLE DE ESTOQUE

O controle de estoque pode ser realizado por sistemas automatizados ou manualmente, contanto que sejam contabilizadas as informações de entradas (aquilo que foi comprado e passou a integralizar o estoque) e saídas (aquilo que é destinado à operação).

A sistemática de como isso acontece é diretamente relacionada ao tamanho do estabelecimento e à dimensão dos processos.

Em locais menores, em alguns casos, o estoque fica acondicionado nos devidos departamentos, por serem provisionados para um curto período de tempo. Já em estruturas maiores, os almoxarifados são abastecidos semanalmente – em alguns casos e produtos, com intervalos diferentes disso, mas todo o controle fica ali resguardado.

São as informações de entradas e saídas que irão subsidiar a verificação dos processos e custos operacionais, por meio de inventários.

Outro processo que faz parte dos controles de estoque e que deve ser criterioso é o armazenamento dos produtos conforme orientação sanitária e a rotatividade pelo vencimento, ou seja, produtos com validade mais próxima deverão ser consumidos primeiro, independentemente do momento em que foram adquiridos, procedimento esse chamado de PVPS (primeiro que vence, primeiro que sai) ou do inglês FIFO (*first in, first out* – primeiro que entra, primeiro que sai).

INVENTÁRIO

A frequência de sua realização é determinada pela gestão. Trata-se do comparativo de tudo que entrou em estoque com o que saiu. O ideal é que não haja diferença. Saldos positivos significam que foram registradas as saídas de produtos do estoque, mas que não foram realizadas de fato. Já saldos negativos, que são os mais comuns, indicam que foram retirados produtos fisicamente do estoque, mas não foi realizado o devido registro.

Nenhuma das situações é boa. Um estoque deveria apresentar sua situação de inventário o máximo possível perto de zero, sem sobras ou faltas, mas como, mesmo com a ajuda de sistemas, a manipulação continua sendo humana, então existe a possibilidade de erros.

O que é muito comum é um produto ser substituído por outro, como sabores de sucos e refrigerantes, produtos normais serem trocados por diets e lights ou até cortes de carnes. Bebidas costumam ser grandes pontos de divergência, tendo em vista que as terminologias em língua estrangeira geram muita confusão. Contudo, é de extrema importância que as contagens de estoque sejam realizadas de forma criteriosa.

Claramente uma operação não se baseia apenas nas ferramentas de controle operacional que mencionamos, mas são essas algumas bases para que o supervisor possa visualizar os meandros dos processos, ter um direcionamento sobre quais itens merecem maior ou menor atenção e em que momento se dedicar a um ou outro tema.

Coordenação de equipes

Algumas questões, como elaboração de escalas de trabalho, folgas e outras demandas de funcionários, devem somente ser realizadas pelo supervisor mediante orientação do setor de recursos humanos, do departamento pessoal ou do contabilista, uma vez que cada local estabelece, com base na legislação, uma forma de funcionamento.

O setor de alimentos e bebidas tem características próprias e as mudanças relacionadas a legislações trabalhistas e à remuneração, como é o caso das gorjetas, devem ser sempre submetidas a quem lhe é conferida a devida responsabilidade.

Outra questão de extrema importância na atuação do supervisor com relação às suas equipes é garantir que as regulamentações sanitárias estabelecidas pela Anvisa sejam seguidas por todos.

Saiba mais

Reforma trabalhista: o Sebrae divulgou uma cartilha em 2017 contendo todas as alterações em relação à reforma trabalhista, disponível em https://m.sebrae.com.br/Sebrae/Portal%20Sebrae/Anexos/CNC_-_Cartilha_Reforma_Trabalhista_Interativa.pd. Acesso em 28-8-2018.

A Lei da Gorjeta: o Sebrae discute os impactos dessa lei no artigo disponível em http://www.sebrae.com.br/sites/PortalSebrae/artigos/a-lei-da-gorjeta-o-que-muda-e-quais-sao-seus-possiveis-impactos,6cf61480d5f3b510VgnVCM1000004c00210aRCRD. Acesso em 28-8-2018.

Regulamentações sanitárias: a Anvisa publicou uma cartilha explicando a regulamentação, disponível em http://portal.anvisa.gov.br/documents/33916/389979/Cartilha+Boas+Pr%C3%A1ticas+para+Servi%C3%A7os+de+Alimenta%C3%A7%C3%A3o/d8671f20-2dfc-4071-b516-d59598701af0. Acesso em 28-8-2018. No site da Anvisa também é possível encontrar a legislação vigente – Resolução RDC nº 216, de 15 de setembro de 2004.

DIMENSIONAMENTO DE EQUIPES

No mercado circulam informações sobre números que dimensionam principalmente a equipe de serviços, algo em torno de 1 garçom para cada 30 pessoas, proporção que diminui conforme a complexidade do serviço.

Porém é preciso analisar esses números com parcimônia. A necessidade de mão de obra deve levar em consideração os seguintes itens para uma análise e posicionamento:

☐ número de assentos e rotatividade média;

☐ tipologia e conceito do estabelecimento;

- [ ] modalidades de serviços;
- [ ] características do ambiente;
- [ ] motivação da visita do cliente (comemoração, reunião de negócios, lazer, etc.);
- [ ] fatores externos.

Mesmo tendo certa regularidade no serviço, o dimensionamento da brigada é um esforço diário que pode ser auxiliado por um plano de trabalho, em que de forma visual o supervisor define os postos (ou praças) a serem ocupados naquele dia ou período, e sua necessidade em termos de quantidade de profissionais e por quanto tempo.

REUNIÕES DE ABERTURA OU REUNIÕES DE EQUIPE

Interromper a operação para poder repassar informações ou treinamento não é o ideal, pois não se pode sacrificar o horário de atendimento ao público. Não é adequado que um cliente aguarde, nem é bem visto pelas equipes que isso aconteça em seu momento de descanso.

Portanto, há de se estabelecer algumas estratégias para que essas reuniões de abertura de serviço aconteçam. Uma ação que demonstra resultado são as reuniões de curta duração, entre 10 e 15 minutos, que acontecem todos os dias antes da abertura do salão. Para que sejam produtivas, deve-se ter uma pauta traçada com objetividade e usar este tempo de modo que seja proveitoso, para repassar informações importantes, como novos coquetéis ou pratos, parcerias, ações promocionais, reservas especiais e itens faltantes no cardápio, entre tantos outros pontos de destaque.

Não é produtivo, porém, que esse momento seja usado para chamar a atenção de um ou todos os funcionários. Caso isso seja necessário, converse em particular e resolva a situação com os envolvidos.

Nesse momento também podem ser apresentados à brigada novos produtos, por meio de parcerias, ou treiná-la para questões relativas à segurança e/ou procedimentos operacionais. Um aspecto relevante é realizar, se possível, algum tipo de registro dessas reuniões, ainda mais se houver treinamento, quando as atas e as listas de presença são indispensáveis.

Clientes × funcionários

Apesar de entender que essa relação se dá considerando os aspectos mais comportamentais do serviço, é importante criar alguns mecanismos para mensuração, assim pode-se com maior propriedade definir caminhos e embasar decisões.

AVALIAÇÃO DE ATENDIMENTO

As pesquisas de atendimento devem ser realizadas de tempos em tempos, e com propósitos assertivos. De nada adianta simplesmente entregar um papelzinho e uma caneta junto à conta e esperar que o cliente revele todas as suas percepções por meio desse instrumento, que será entregue ao garçom que o atendeu!

As pesquisas precisam ter estratégia. Alguns locais, como os fast-foods, têm se valido do artifício da premiação para que isso aconteça, ou seja, com seu cupom fiscal em mãos, você preenche uma pesquisa *on-line* e ganha um voucher para sua próxima visita. Assim, esses estabelecimentos obtêm um parecer do consumidor sobre suas entregas, estimulando o cliente a voltar e, muitas vezes, até gastar novamente.

Outro formato que pode demonstrar resultado são as pesquisas realizadas no próprio local, mas por meio digital. Um tablet ou celular é entregue ao cliente para que ele preencha as questões e o devolva ao garçom, ao maître ou à hostess após a finalização do questionário. O meio digital garante certa privacidade ao cliente, pois, quando há certa insatisfação com o serviço, o cliente fica constrangido de registrar isso em um papel que será entregue ao mesmo profissional que lhe atendeu.

Na impossibilidade de aplicação de pesquisas por meio digital, ainda é melhor que se tenha ao menos a boa e velha fichinha de papel para sugestões e avaliações, em vez de não fazer nada.

Também é importante que a pesquisa seja rápida, conte com perguntas assertivas, escritas de forma clara e com respostas objetivas e de múltipla escolha. Se o cliente precisar escrever muito, com certeza não o fará.

Determine períodos para compilar informações – por exemplo, trimestres, períodos promocionais ou até semanais. Transforme as respostas em números ou até mesmo em gráficos, para facilitar o entendimento e para poder mensurar quantitativamente os dados. Analise esses dados antes de tomar decisões e implementar ações. Depois de um período, aplique novamente uma pesquisa, assim será possível fazer comparações.

A ferramenta que propicia informações e dados significativos é a rede social, que hoje é capaz até de fornecer dados, tanto a respeito da satisfação quanto das intenções dos clientes. As redes sociais são as ferramentas de pesquisa que têm maior assertividade, pois conversam com o público no seu tempo, sem que se sintam invadidos. Sem dúvida, as mais indicadas para gerar aproximação e reconhecimento de seus clientes.

AÇÕES DE FIDELIZAÇÃO

A fidelização de cliente em estabelecimentos de alimentos e bebidas é um desafio diante de uma infinidade de ofertas da concorrência. Em alguns casos, o cliente até gosta e muito de determinado local, porém o ticket médio o impede de frequentar sempre.

Para garantir a satisfação e fidelizar o máximo de clientes possível, geralmente ações de fidelização fazem parte de um plano de marketing em estabelecimentos maiores. A opinião da equipe de atendimento é muito importante, visto que algumas dessas ações serão implementadas por ela.

Por exemplo, um determinado bar faz uma ação na qual o cliente é contemplado com algum benefício na próxima vista. Ele está estimulando o cliente a retornar. Porém, isso precisa ser dimensionado.

Arquive informações como:

- [ ] Que ação foi feita?
- [ ] Qual o mecanismo dessa ação (como funcionava)?
- [ ] Por quanto tempo durou a ação?
- [ ] Quantos clientes foram impactados por ela?
- [ ] Qual o índice de retorno obtido?
- [ ] O cliente retornou apenas uma vez ou o objetivo da fidelização foi cumprido?

São perguntas como essas que vão indicar a efetividade da ação.

CONFLITO COM CLIENTES E COLABORADORES

Conflitos entre clientes e colaboradores existem. Esse é um campo que pode trazer consequências sérias e dolorosas a uma empresa. Tomar partido de uma frente ou de outra não traz resultados. Nessas situações, o ideal é sempre tirar o colaborador de cena, a fim de preservá-lo ou evitar agravar a situação e, em seguida, encarregar-se do cliente. Não há, nesse momento, razões ou culpas. O importante é que todos se acalmem e que alguém, na maioria das vezes o supervisor, faça a mediação, levando em conta ainda o quanto isso pode afetar outros clientes.

Em relação à legislação, o que resguarda o direito dos clientes hoje é o Código de Defesa do Consumidor, que é disponibilizado no site da Fundação Procon (http://www.procon.sp.gov.br/pdf/CDCcompleto.pdf), de acesso gratuito e irrestrito. É dever do estabelecimento, além de cumprir as regras estabelecidas pela legislação, ter uma cópia impressa desse documento para consulta pública no local.

Gerir pessoas é fundamental para o supervisor. Não há, contudo, o intuito de substituir um departamento ou profissionais especialistas. No tópico seguinte, discutiremos alguns pontos relevantes desse processo, o que inevitavelmente será parte do trabalho do supervisor.

O supervisor na gestão de pessoas

Ter um olhar atento é importante, porém é quase impossível dar atenção a tudo. Por essa razão, o supervisor precisar agilmente olhar seu entorno e entender do que ele precisa para pautar suas ações, amparado pela equipe que lhe é conferida. A sua experiência é de extrema importância, assim como as relações interpessoais no ambiente de trabalho.

A atuação do supervisor na gestão de pessoas depende de como o estabelecimento delimita as funções e responsabilidades deste profissional diante da estrutura e do organograma do local. Em algumas situações, ele é o responsável por todas as questões ligadas à gestão de pessoas, em outras, sua função se restringe a direcionar esforços das equipes de atendimento no que diz respeito à atuação no salão, sem, por exemplo, ter qualquer influência com as equipes de bar e cozinha.

É importante ressaltar que, para liderar, supervisionar ou coordenar, antes de mais nada é necessário estabelecer uma relação entre os funcionários e os líderes, e esse é o ponto que permite criar um ambiente produtivo e colaborativo ou pecar pelos excessos e transformar a rotina em um caos absoluto. É preciso que o supervisor saiba conduzir o dia a dia diante das equipes multidisciplinares que trabalham para o bem-estar do outro e, muitas vezes, abdicam do seu próprio. Afinal, datas comemorativas, finais de semana e feriados são momentos de grande demanda em bares e restaurantes, e normalmente profissionais que trabalham nesses estabelecimentos não conseguem estar com suas famílias nessas ocasiões. Essa situação, se bem conduzida, pode trazer conforto a quem abdica de seus interesses pessoais em prol do trabalho, como também pode resultar em um desastre, se mal administrado.

Isso não quer dizer que, para que o supervisor consiga desempenhar a liderança, ele tem de ser o cara legal que sempre facilita a vida de todos. Ao contrário, algumas decisões por ele tomadas nem sempre serão de agrado geral, contudo quem tem o entendimento do todo e das consequências que podem ser derivadas de algumas situações é o supervisor. Por isso, o estilo de liderança que adota implica diretamente nas relações e, por consequência, no ambiente e nas pessoas.

O autor Karim Khouri, em seu livro *Liderança: é uma questão de atitude*, de 2018, traz a discussão sobre a necessidade de haver uma flutuação do líder entre diferentes estilos de liderança, atuando de forma mais situacional do que generalizada. Essa proposta talvez seja a forma mais acertada, considerando os aspectos necessários para a supervisão de alimentos e bebidas e dos diferentes cenários que surgem do ato de servir. As relações em um estabelecimento gastronômico são, antes de mais nada, humanas. São pessoas atendendo pessoas, em condições nem sempre previstas. Aí a questão do olhar situacional torna-se ainda mais forte.

A motivação da equipe precisa acontecer de forma contínua, o que talvez seja a tarefa mais difícil de se realizar. Uma questão que gera recorrentes dúvidas é o sucesso das gratificações financeiras para manter a motivação da equipe. Não se pode, nesse quesito, assumir uma posição estática. Essa decisão deve ser tomada contemplando as características de cada equipe. Há casos em que isso funciona de forma exemplar, em outros, torna-se motivo para a instauração de verdadeiras guerras, nas quais as pessoas são capazes de sacrificar inclusive os clientes para que seu contracheque seja "engordado". Por isso é importante que o supervisor conheça os integrantes da equipe, que ele realmente tenha vínculos com eles, para que possa entender o perfil de cada um.

Engajar e unir uma equipe pode ser a tarefa mais difícil da rotina do supervisor, dada a complexidade do seu trabalho. Contudo, se não existe, por parte de todos, o sentimento de pertencimento, não haverá resultados em relação às ações propostas pela liderança. Uma questão é certeira: equipes unidas podem levar uma casa ao sucesso, mas também ao fracasso, afinal as greves resultam da união dos funcionários por um propósito (sem o intuito aqui de achar culpados, mas de exemplificar o poder da união). O supervisor precisa antever os acontecimentos. Para isso, a comunicação com todos deve acontecer de forma acolhedora, respeitosa e sincera. Para que as relações sejam criadas com confiança, tentando assim aproximar as partes, é preciso considerar todos os pontos de vista e, na prática, realmente implementar o que faz sentido para o todo.

O supervisor precisa ser alguém em quem a equipe confia para lhes orientar ou ajudar no que diz respeito a questões profissionais, mas não pode ser o "amigão" a quem os problemas pessoais são confidenciados e as atitudes questionadas quando não são do agrado desse ou daquele membro da equipe. Definir esta linha, que é tênue, é uma das condições para que o supervisor consiga exercer sua função de líder.

Conclusão

Os desafios de um supervisor de serviços de alimentos e bebidas são muitos! Ninguém telefona em uma fábrica para reclamar que a liga de aço usada em determinado componente entregue pelo gerente de produção foi malfeita, mas muitos abordam o supervisor de A&B para reclamar sobre o ponto do risoto que não está satisfeito, pois alega o cliente que em sua casa faz um risoto muito melhor. Além de contentar o cliente, há ainda uma equipe toda por trás, esperando que o supervisor seja seu "defensor". Ele é a pessoa que tem o poder de colocá-los em um pedestal ou, considerando a máxima de que o cliente tem sempre razão, colocá-los na mais baixa posição.

Enfim, são infinitas as batalhas que esse profissional encontra em seu dia a dia, mas cabe a ele transformar cada um dos percalços em oportunidades e fazer valer a confiança que lhe depositam os seus colegas, os seus superiores e, ainda mais, os seus clientes.

Ele é o elo entre todos os pontos de uma operação. É a ele que todos em algum momento vão buscar, tanto por sua capacidade e competência quanto por sua visão sistêmica. É ele quem será a cara do bar do restaurante. É a sua imagem que será lembrada sempre que aquele cliente pensar como foi especial aquele jantar em comemoração ao seu aniversário.

E são essas situações que devem motivar o fazer deste supervisor. Não há um único profissional que consiga permanecer e ascender na área de alimentos e bebidas que não tenha gosto pelo servir. É impossível! É necessário doar-se! Para servir é preciso ser GRANDE e GENEROSO! Esse é o perfil do supervisor, do maître, do coordenador, do gestor, do encarregado, do responsável técnico, do comandante, do capitan, do líder, do chefe, do gerente, de quem faz a operação acontecer!

Agradecimentos

Quando nasce a ideia de escrever um livro, nasce também uma longa jornada, recheada de muitas reflexões e horas intermináveis à frente do computador, pesquisando e escrevendo. Há também conversas e discussões que se prolongam por dias e a dedicação que só é possível com a ajuda de muita gente – e, no nosso caso, é claro, tudo isso foi regado com muito vinho, café, chá e boas risadas!

Nada teria acontecido se não fossem tantas pessoas importantes que passaram por nossas vidas e contribuíram para que pudéssemos ter experiência, conhecimento e vontade para escrever este livro. Agradecemos ao Senac, aos amigos, colegas, professores e parceiros de trabalho e a todos que, de diferentes formas, nos incentivaram a realizar este projeto.

> *A toda a minha família, e em especial ao Ricardo e à Stella, pelo carinho, incentivo e paciência. A Baco/Dionísio (deus do vinho), a Ninkasi (deusa da cerveja) e a São Benedito (padroeiro da cachaça), por inspirarem minha vida acadêmica e profissional.*
> *Juliana*

> *Em especial, ao Alexandre e à Cecília, que pacientemente me ajudaram tanto nesse momento, e à incansável Fubá, que sempre me fez companhia nas noites adentro. Amo vocês!*
> *Debora*

Um brinde! Saúde!

Bibliografia

ABE. Associação Brasileira de Enologia. *Site institucional.* Disponível em https://www.enologia.org.br/. Acesso em 28-8-2018.

ABIA. Associação Brasileira da Indústria de Alimentação. *Site institucional.* Disponível em https://www.abia.org.br. Acesso em 28-8-2018.

ABIC. Associação Brasileira da Indústria de Café. *Site institucional.* Disponível em http://abic.com.br. Acesso em 28-8-2018.

ABIR. Associação Brasileira das Indústrias de Refrigerantes e Bebidas Não Alcoólicas. *Site institucional.* Disponível em https://abir.org.br. Acesso em 28-8-2018.

ABRABE. Associação Brasileira de Bebidas. *Site institucional.* Disponível em http://www.abrabe.org.br/. Acesso em 28-8-2018.

ABRACERVA. *Número de cervejarias nacionais no Brasil cresce 37,7% em 2017.* Disponível em http://abracerva.com.br/numero-de-cervejarias-artesanais-no-brasil-cresce-377-em-2017/. Acesso em 28-8-2018.

ANVISA. Agência Nacional de Vigilância Sanitária. *Cartilha sobre boas práticas para Serviços de Alimentação.* Disponível em http://portal.anvisa.gov.br/documents/33916/389979/Cartilha+Boas+Pr%C3%A1ticas+para+Servi%C3%A7os+de+Alimenta%C3%A7%C3%A3o/d8671f20-2dfc-4071-b516-d59598701af0. Acesso em 28-8-2018.

ASSIS, L. de. *Alimentos Seguros: ferramentas para gestão e controle da produção e distribuição.* São Paulo: Senac São Paulo, 2014.

BARRETO, R. L. P. *Passaporte para o sabor: tecnologias para elaboração de cardápios.* São Paulo: Senac São Paulo, 2004.

BAPTISTA, I. Lugares de hospitalidade. Em DIAS, C. M. M. (org.). *Hospitalidade: reflexões e perspectivas*. Barueri: Manole, 2002.

BARDSLEY, D. *MSI – Marketing Research for Industry: Worldwide Business Information and Market Reports* UK. Londres, 2001.

BOUTAUD, J. J. Compartilhar a mesa. Em MONTANDON, A. (org.). *O livro da hospitalidade: acolhida do estrangeiro na história e nas culturas*. São Paulo: Senac São Paulo, 2011.

BRASIL. Câmara Legislativa. *Decreto nº 7.968, de 26 de março de 2013*. Disponível em http://www2.camara.leg.br/legin/fed/decret/2013/decreto-7968-26-marco-2013-775592-publicacaooriginal-139321-pe.html. Acesso em 30-8-2018.

_____. Casa Civil. Decreto nº 6.871, de 4 de junho de 2009. *Decreto de Bebidas*. Disponível em http://www.planalto.gov.br/ccivil_03/_Ato2007-2010/2009/Decreto/D6871.htm. Acesso em 28-8-2018.

_____. Casa Civil. Lei nº 10.970, de 12 de novembro de 2004. Disponível em http://www.planalto.gov.br/ccivil_03/_ato2004-2006/2004/lei/l10.970.htm. Acesso em 30-8-2018.

_____. Ministério da Agricultura, Pecuária e Abastecimento. *Bebidas, de 28 de julho de 2017*. Disponível em http://www.agricultura.gov.br/vegetal/qualidade-seguranca-alimentos-bebidas/bebidas. Acesso em 15-3-2014.

_____. Ministério da Agricultura, Pecuária e Abastecimento. *Instrução Normativa nº 1, de 30 de janeiro de 2012*(a). Disponível em http://sistemasweb.agricultura.gov.br/sislegis/action/detalhaAto.do?method=visualizarAtoPortalMapa&chave=629707739. Acesso em 28-8-2018.

_____. Ministério do Trabalho. *Classificação Brasileira de Ocupações*. Última atualização em abril de 2012(b). Disponível em http://www.mtecbo.gov.br/cbosite/pages/home.jsf. Acesso em 22-8-2018.

_____. *Ministério do Trabalho reconhece 21 novas ocupações profissionais*. 20-3-2017. Disponível em http://www.brasil.gov.br/economia-e-emprego/2017/03/ministerio-do-trabalho-reconhece-21-novas-ocupacoes-profissionais. Acesso em 30-8-2018.

BRILLAT-SAVARIN, J. A. *A filosofia do gosto*. São Paulo: Companhia das Letras, 1995.

BRUCH, K. L. *Nem tudo que tem uva é suco*. Bento Gonçalves: IBRAVIN, 2012.

CAMARGO, L. O. de L. *Hospitalidade*. São Paulo: Aleph, 2004.

CARNEIRO, H. As necessidades humanas e o proibicionismo das drogas no século XX. *Revista Outubro*, IES, v. 6, p. 115-128, 2002. Disponível em http://www.neip.info/downloads/t_hen2.pdf. Acesso em 28-8-2018.

_____. *Bebida, abstinência e temperança*. São Paulo: Senac São Paulo, 2010.

_____. *Comida e sociedade: uma história da alimentação*. Rio de Janeiro: Elsevier, 2003.

_____. *Pequena enciclopédia da história das drogas e bebidas: histórias e curiosidades sobre as mais variadas drogas e bebidas*. Rio de Janeiro: Elsevier, 2005.

CASCUDO, L. da C. *História da alimentação no Brasil*. 4. ed. São Paulo: Global, 2011.

CERVBRASIL. Associação Brasileira da Indústria da Cerveja. *Site institucional*. Disponível em http://www.cervbrasil.org.br. Acesso em 28-8-2018.

CHON, K. S. & SPARROWE, R. *Hospitalidade: conceitos e aplicações*. 2. ed. Rio de Janeiro: Senac Nacional, 2014.

COUTO, C. & MARCELINA, C. *Sou barista*. Rio de Janeiro: Senac Nacional, 2013.

DATTNER, C. *Chá: rituais e benefícios*. São Paulo: Senac São Paulo, 2011.

FLANDRIN, J.-L. Humanização das condutas alimentares. Em FLANDRIN, J. L. & MONTANARI, M. (org.). *História da alimentação*. São Paulo: Estação Liberdade, 1998.

FONSECA, M. T. *Tecnologias gerenciais de restaurante*. São Paulo: Senac São Paulo, 2006.

FRANCO, A. *De caçador a gourmet: uma história da gastronomia*. São Paulo: Senac São Paulo, 2010.

FREITAS, A. et al. *Bartender: perfil profissional, técnicas de trabalho e mercado*. 2. reimp. Rio de Janeiro: Senac Nacional, 2013.

FURTADO, E. *Copos de bar e mesa: história, serviço, vinhos, coquetéis*. São Paulo: Senac São Paulo, 2009.

FUNDAÇÃO PROCON. *Código de proteção e defesa do consumidor*. Disponível em http://www.procon.sp.gov.br/pdf/CDCcompleto.pdf. Acesso em 28-8-2018.

GOMENSORO, M. L. *Pequeno dicionário de gastronomia*. Rio de Janeiro: Objetiva, 1999. 432p.

GOVERNO DO ESTADO DE SÃO PAULO. *Produção de cachaça incrementa renda de canavicultores paulistas.* 2-3-2018. Disponível em http://www.saopaulo.sp.gov.br/spnoticias/producao-de-cachaca-incrementa-renda-de-canavicultores-paulistas/. Acesso em 30-8-2018.

GURGEL, M. & RELVAS, E. *Café com design: a arte de beber café.* São Paulo: Senac São Paulo, 2015.

GURGEL, M. & CUNHA, J. M. *Cerveja com design.* São Paulo: Senac São Paulo, 2015.

IBRAC. Instituto Brasileiro da Cachaça. *Site institucional.* Disponível em http://www.ibrac.net/. Acesso em 28-8-2018.

IBRAVIN. Instituto Brasileiro do Vinho. *Site institucional.* Disponível em http://www.ibravin.org.br/. Acesso em 28-8-2018.

INPI. Instituto Nacional da Propriedade Industrial. *Pedidos de indicação geográfica concedidos e em andamento.* 30-7-2018. Disponível em http://www.inpi.gov.br/menu-servicos/indicacao-geografica . Acesso em 30-8-2018.

JACKSON, M. *Whisky: o guia mundial definitivo.* São Paulo: Senac São Paulo, 2010.

JANUÁRIO, L. *Sete bebidas tipicamente brasileiras.* Disponível em http://receitas.ig.com.br/sete-bebidas-tipicamente-brasileiras/n1237564084804.html. Acesso em 28-8-2018.

JHUN, S. S. Y. *A cerimônia do chá como elemento de convivialidade na população nipo-brasileira.* Dissertação (mestrado em hospitalidade). Universidade Anhembi Morumbi, São Paulo, 2012.

KHOURY, K. *Liderança: é uma questão de atitude.* São Paulo: Senac São Paulo, 2018.

LASHLEY, C. *Para um entendimento teórico.* Em LASHLEY, C. & MORRISON, A. (org.). *Em busca da hospitalidade: perspectivas para um mundo globalizado.* Barueri: Manole, 2004.

LÉTOUBLON, F. Os deuses à mesa dos homens. Em MONTANDON, A. (org.). *O livro da hospitalidade: acolhida do estrangeiro na história e nas culturas.* São Paulo: Senac São Paulo, 2011.

MONTANARI, M. Sistemas alimentares e modelos de civilizações. Em FLANDRIN, J. L. & MONTANARI, M. (org.). *História da alimentação.* São Paulo: Estação Liberdade, 1998.

NOVAKOSKI, D. & FREIRE, R. *Enogastronomia: a arte de harmonizar cardápios e vinhos.* Rio de Janeiro: Senac Nacional, 2005.

OIV. Organização Internacional da Vinha e do Vinho. *Site institucional*. Disponível em http://www.oiv.int/. Acesso em 30-08-2018.

OLDENBURG, R. *The Great Good Place: Café, Coffee Shops, Community Centers, Beauty Parlors, General Stores, Bars, Hangouts and How They Get you Through the Day*. Vadnais Heights: Paragon House Publishers, 1987.

OLIVER, G. *A mesa do mestre-cervejeiro: descobrindo os prazeres das cervejas e das comidas verdadeiras*. São Paulo: Senac São Paulo, 2012.

OMC. Organização Mundial do Comércio. *TRIPS: Geographical Indications*. Última atualização em nov. 2008. Disponível em http://www.wto.org/english/tratop_e/trips_e/gi_background_e.htm. Acesso em 28-8-2018.

PACHECO, A. de O. *Manual do bar*. 7. ed. São Paulo: Senac São Paulo, 2010a.

_____. *Manual do maître*. 7. ed. São Paulo: Senac São Paulo, 2010b.

REIS, J. T. *Bebidas e hospitalidade: produção científica no Brasil (2004-2012)*. São Paulo, 2015. Dissertação (mestrado em hospitalidade). Universidade Anhembi Morumbi.

ROSA, S. E. S. et al. *Panorama do setor de bebidas no Brasil*. BNDES Setorial, Rio de Janeiro, 2006. Disponível em http://raceadmv3.nuca.ie.ufrj.br/BuscaRace/Docs/sesrosa4.pdf. Acesso em 28-8-2018.

RICETTO, L. N. *A e B de A a Z: entendendo o setor de alimentos e bebidas*. São Paulo: Senac São Paulo, 2013.

SANTOS, C. R. A. dos. A alimentação e seu lugar na história: os tempos da memória gustativa. Em *História: questões & debates*, n. 42, pp. 11-31. Curitiba: Editora UFPR, 2005. Disponível em https://revistas.ufpr.br/historia/article/view/4643/3797. Acesso em 28-8-2018.

SANTOS, J. I. *Vinhos: o essencial*. São Paulo: Senac São Paulo, 2004.

SANTOS, S. de P. *Comer e beber como Deus manda*. São Paulo: Senac São Paulo/Unesp, 2011.

SEBRAE. Serviço Brasileiro de Apoio às Micro e Pequenas Empresas. *Como montar um bar*. 2017. Disponível em http://www.sebrae.com.br/sites/PortalSebrae/ideias/como-montar-um-bar,4f187a51b9105410VgnVCM1000003b74010aRCRD. Acesso em 28-8-2018.

_____. *A reforma trabalhista*. Cartilha. Disponível em https://m.sebrae.com.br/Sebrae/Portal%20Sebrae/Anexos/CNC_-_Cartilha_Reforma_Trabalhista_Interativa.pdf. Acesso em 28-8-2018.

SENAC. *Bartender*. Rio de Janeiro: Senac Nacional, 2013.

SENAD. Secretaria Nacional Antidrogas. *I levantamento nacional sobre os padrões de consumo de álcool na população brasileira*. 2007. Disponível em http://bvsms.saude.gov.br/bvs/publicacoes/relatorio_padroes_consumo_alcool.pdf. Acesso em 28-8-2018.

SILVA, J. M. *Cachaça: o mais brasileiro dos prazeres – história, elaboração, serviço e degustação: um guia para profissionais e apreciadores*. São Paulo: Anhembi Morumbi, 2006.

STANDAGE, T. *História do mundo em 6 copos*. Rio de Janeiro: Zahar, 2005.

TEIXEIRA JR., J. R. et al. Panorama setorial 2015-2018: Bebidas. Em *BNDES Perspectivas do investimento 2015-2018 e panoramas setoriais*. Rio de Janeiro: BNDES Setorial, 2014, pp. 40-58. Disponível em https://web.bndes.gov.br/bib/jspui/handle/1408/2842. Acesso em 28-8-2018.

VACCARINI, G. *Manuale del Sommelier: come Conoscere, Apprezzare, Valutare il Vino e come Gestire una Cantina*. Florença: Giunti, 2005.

VIANNA JUNIOR, D. et al. *Conheça vinhos*. São Paulo: Senac São Paulo, 2015.

Índice geral

Nota do editor, 7

Prefácio, 9

Introdução, 13

Profissionais de alimentos e bebidas (A&B), 21
   Supervisor: muitas possibilidades para o mesmo cargo, 23
   Profissões regulamentadas e ocupações reconhecidas: qual a diferença?, 28
   Profissionais de estabelecimentos gastronômicos, 31
     Profissionais de salão, 33
        Gerente de operações de alimentos e bebidas/gerente de restaurante, 33
        Supervisor/coordenador/líder/maître/capitan, 34
        Chefe de fila, 34
        Garçom/server, 34
        Cumin/commis/auxiliar de garçom, 35
        Sommeliers, 35
     Profissionais que dão apoio ao salão, 38
        Recepcionista/host (masculino)/hostess (feminino), 38
        Caixa, 38
     Profissionais de bar, 38
        Gerente de operações de bar/gerente de bar, 40
        Chefe de bar, 40
        Bartender, 40
        Auxiliar de bar/cumim commis/barback, 42

Profissionais de cozinha, 45
    Chef de cozinha/chefe de cozinha, 46
    Subchef/sous chef, 46
    Cozinheiros/primeiro cozinheiro/cozinheiro-líder, 46
    Auxiliares de cozinha/assistentes de cozinha/ajudantes de cozinha, 46
    Auxiliares de limpeza/steward, 47
A atuação de supervisores de serviço de A&B em eventos, 49

Espaços de serviços de alimentos e bebidas, 53

O conceito do estabelecimento, 57

Restaurantes, 58
    Tipos de restaurantes, 61
        Regional, 62
        Gastronômico ou autoral, 62
        De especialidades, 63
        Bistrô, 63
        Lanchonete, 64
        Fast-food, 64
        Fast casual, fast fine ou fine casual, 65
        Self-service ou buffet, 65
        Comercial, 66
        De coletividade, 66
        Cantinas, 66
        Confeitaria, 67
        Padaria, 67

Bares, 70
    Tipos de bares, 71
        Speakeasy, 72
        American bar, 74
        Piano bar, jazz bar, "qualquer instrumento" bar, 74
        Dancing bar/boîte, 74
        Taberna/taverna, 74
        Pub, 75
        Snack bar, 76
        Bar molhado/pool bar, 76
        Tiki bar, 77
        Bar de tapas, 77

Cocktail bar, 77

  Boteco/botequim, 77

  Wine bar/bar de vinhos, 77

  Whisky bar/gin bar/negroni bar/martini bar/"qualquer bebida" bar, 78

  Cachaçaria, 78

  Cerveja e choperia, 79

  Tap bar/tap house, 79

Cafés e casas de chá, 80

  Cafés/cafeterias/coffee houses/coffee bar ou espresso bar, 80

  Casas de chá, 81

Os setores de um espaço contemporâneo de alimentação, 82

  Salão, 83

    Mobiliário do salão, 83

      Mesas e cadeiras, 84

      Aparadores, 85

      Carrinho de serviço (guéridon), 85

      Buffet ou mesa de serviço, 85

    Bar (setor), 86

    Balcão, 86

    Antebalcão ou balcão de serviço, 87

    Prateleiras e armários, 87

    Banquetas, 87

  Cozinha, 88

    Cozinha quente, 88

    Cozinha fria ou garde manger, 89

    Copa/cambuza, 89

    Confeitaria, 89

  Áreas de apoio operacional, 90

    Recepção e higienização de alimentos ou mercadorias, 90

    Higienização de materiais/copa limpa/copa suja, 90

    Estoque, 91

    Caixa, 91

    Recepção, 91

    Banheiros, 92

    Escritórios ou salas administrativas, 92

    Estacionamento, 92

Os serviços de alimentos e bebidas, 93

    Atendimento ao cliente x serviço, 96

        Mise en place, 98

    Modalidades de serviço: técnicas tradicionais, 105

        À francesa, 105

        À inglesa, 107

        Empratado, 108

        Buffet/self-service, 109

        À americana, 110

        Franco-americana, 110

        Volante, 110

        Travessa sobre a mesa, 111

        À russa, 111

    Serviço de bebidas, 112

    Cardápios e cartas: ferramentas de vendas e comunicação, 112

        Formato, 114

        Escrita, 115

        Ilustração, 119

    Etapas do serviço: recepção, vendas, comanda e conta, 120

        Recepção, 121

        Vendas, 122

        Comanda e conta, 122

    O supervisor e seu papel no serviço, 125

Gastronomia, alimentos e bebidas: conhecimento para a qualidade na prestação de serviços, 129

    Harmonia entre setores: cozinha, bar e salão, 132

    Cozinha, comida, comer e servir, 134

        Bases de cozinha, 137

        Ingredientes, 137

            Folhas/verduras, 138

            Legumes, 138

            Frutas, 138

            Cortes, 139

            Especiarias, 139

            Sal, 139

            Açúcar, 139

Óleos, gorduras e azeites, 140

Massas, 142

Grãos e cereais, 142

Carnes, aves e pescados, 142

Produções, 144

Molhos, 144

Acompanhamentos em geral, 145

Doces e sobremesas em geral, 145

Métodos de cocção, 146

Bar, bebidas, beber e servir, 147

Principais tendências do setor de bebidas, 151

Compatibilização de alimentos e bebidas, 155

Temperaturas de serviço, 157

Regiões geográficas, 159

Coquetelaria, 162

Bebidas: tipologia e características, 165

Fermentados, 165

Vinho, 165

Cerveja, 171

Saquê, 173

Sidra, 173

Destilados, 174

Cachaça, 174

Uísque, whisky ou whiskey, 176

Vodca, 179

Gim, 180

Rum, 181

Tequila, 182

Outros destilados, 183

Bebidas compostas, 184

Vinho composto, 184

Bitter, 185

Licor, 185

Não alcoólicos, 186

Refrigerantes, 186

Café, 187

Chá, 190

Supervisão de processos de alimentos e bebidas, 193
   Automação ou sistemas de gestão, 196
   Indicadores operacionais, 198
      Previsão de público, 203
   Ferramentas de controle operacional, 204
      Fichas técnicas de alimentos e bebidas (FT´s), 204
      Checklists, 210
         Checklist de abertura e fechamento, 210
         Checklist de manutenção, 213
      Lista de compras, 215
      Cotações, 218
      Espelho de compras, 218
      Controle de estoque, 221
      Inventário, 222
   Coordenação de equipes, 223
      Dimensionamento de equipes, 224
      Reuniões de abertura ou reuniões de equipe, 225
   Clientes x funcionários, 226
      Avaliação de atendimento, 226
      Ações de fidelização, 228
      Conflito com clientes e colaboradores, 228
   O supervisor na gestão de pessoas, 229

Conclusão, 233

Bibliografia, 237